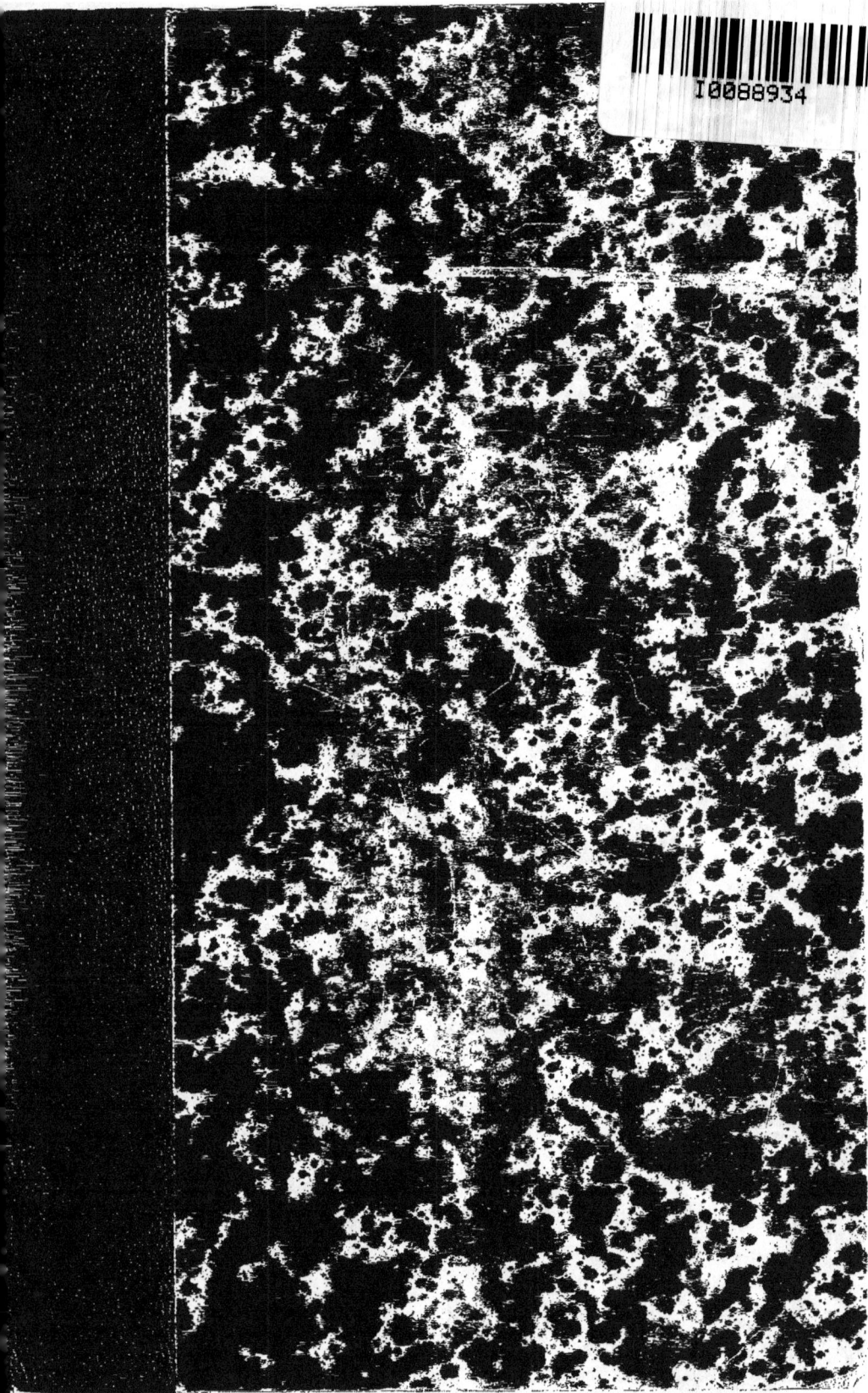

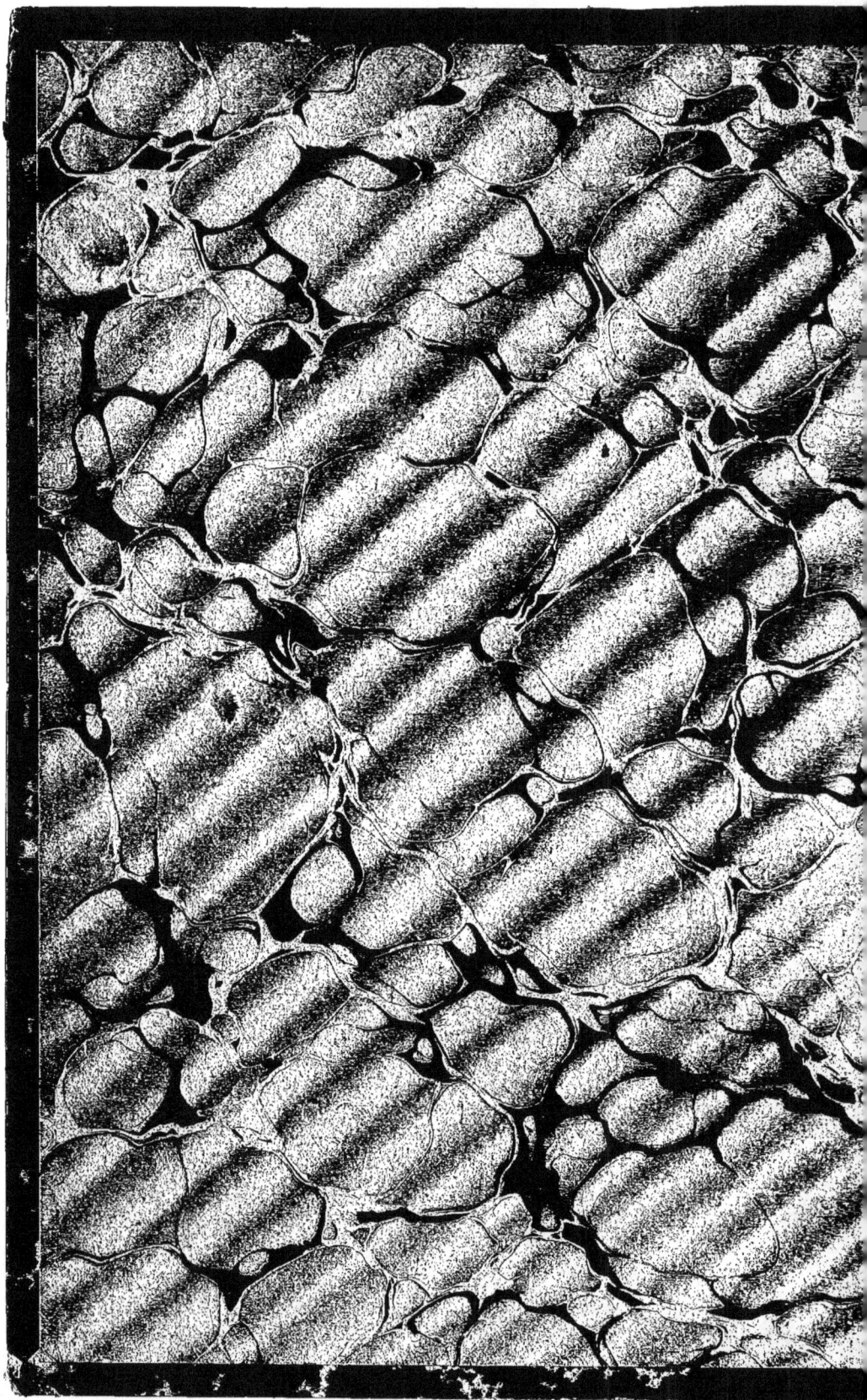

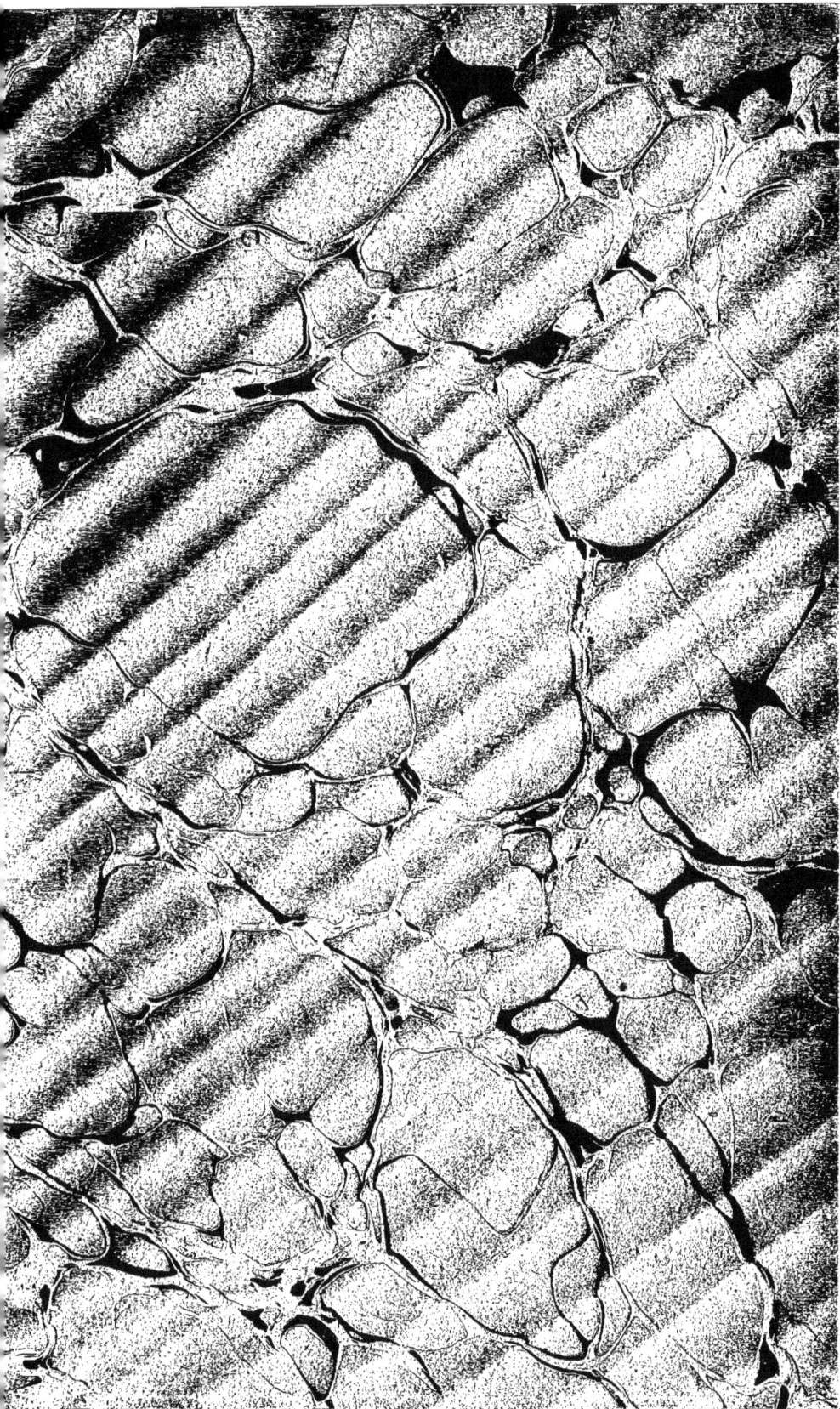

i

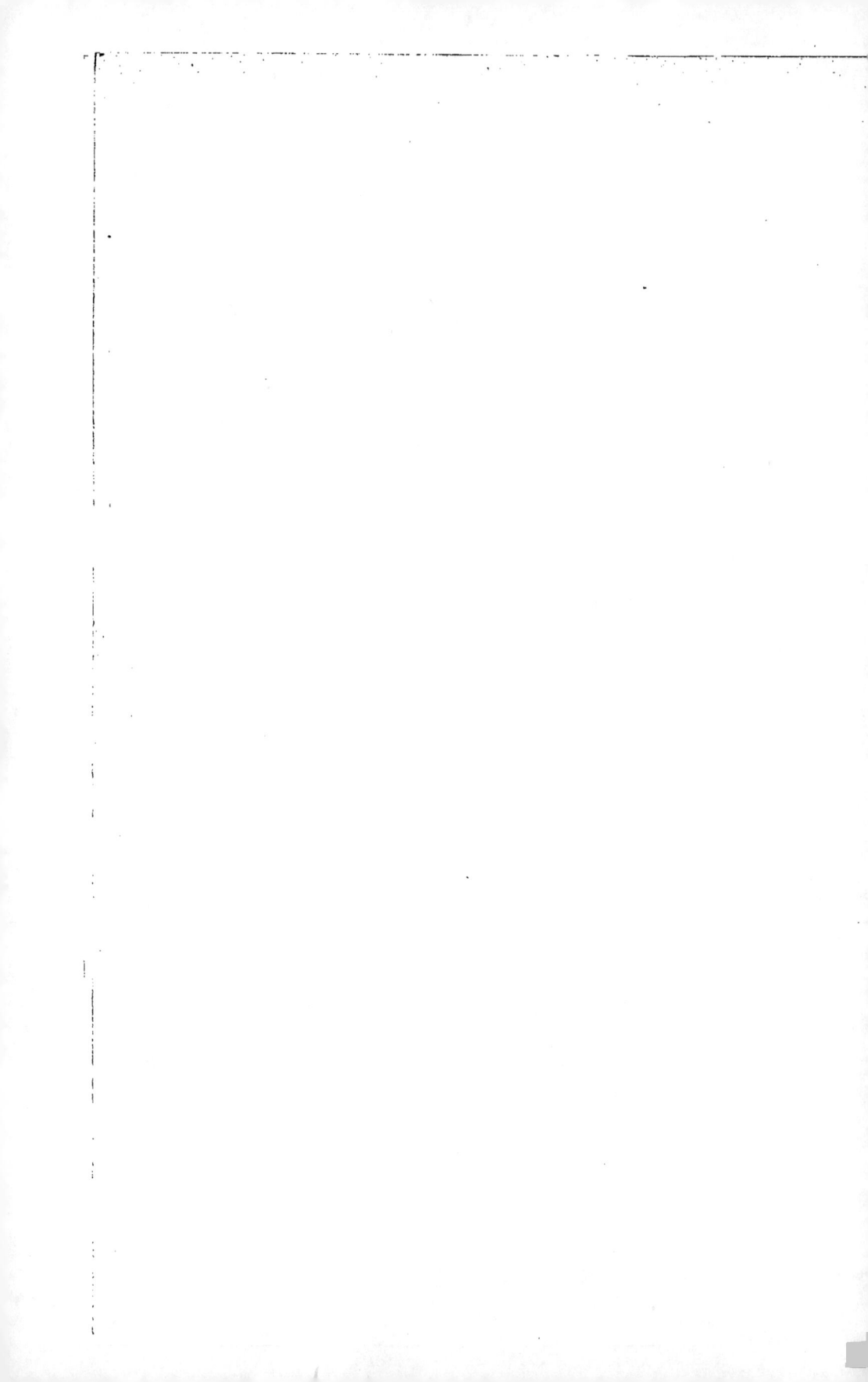

HENRI BERALDI

CENT ANS

AUX

PYRÉNÉES

1693

— ★ ★ ★ ★ ★ —

Après cent ans.
Les Pics d'Europe.
L'Excursionnisme.
Le Pyrénéisme impressionniste.

CHAUSENQUE.

PARIS
1903.

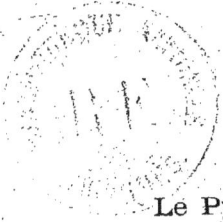

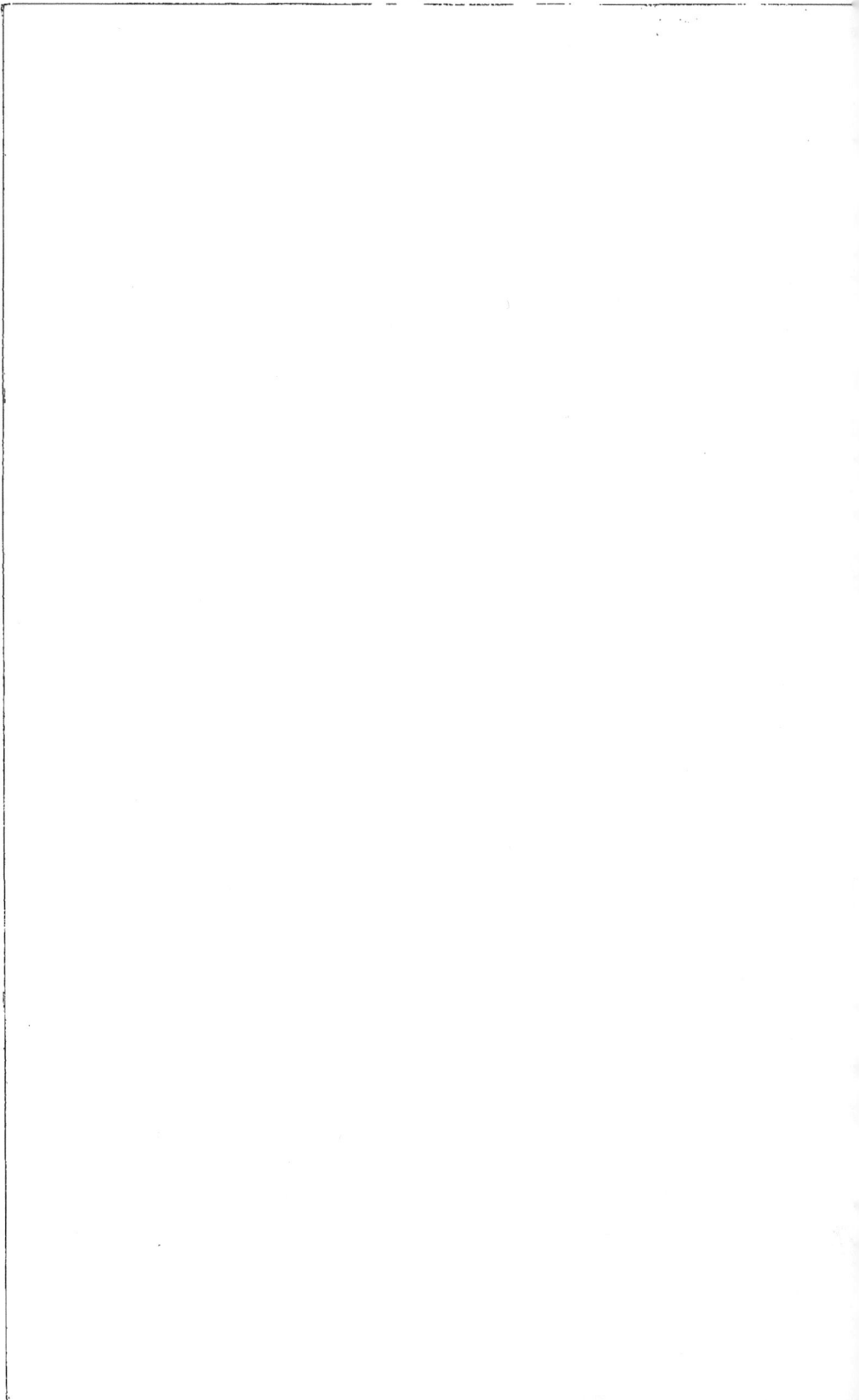

CENT ANS

AUX

PYRÉNÉES

HENRI BERALDI

CENT ANS

AUX

PYRÉNÉES

— ★ ★ ★ ★ ★ ★ —

Après cent ans.
Les Pics d'Europe.
L'Excursionnisme.
Le Pyrénéisme impressionniste.

CHAUSENQUE.

PARIS
1903.

1860 - 1902

(SUITE)

— « *Un instant !* » *demandent Labrouche et Saint-Saud. — Et ils entament un duo suprême ; imprévu, étrange, asturien : le duo des Pics d'Europe. Ici encore, qui se fût attendu à Liévana, Valdéon et Sajambre ? à Tabla de Lechugales, Picos del Hierro, Penã Vieja, Penã Bermeja et Penã Santa ? à Liambrion et Cerrédo ? et à Naranjo de Bulnès ? et à l' « Inagotable » ?....*

Chœur final. Irruption de la foule apportant ses instruments de vulgarisation : chemins, refuges, funiculaires, photo, vélos, petits électriques, autos. Le grand tutti pyrénéiste....

Inextricablement touffu, chaotique, cent thèmes enchevêtrés. Tous les pyrénéismes, l'ardu et le facile, le rare et le banal, l'alpiniste et l'excursionniste, le pittoresque et le scientifique, — le rétrospectif (celui-ci de plus en plus crescendo) : glaciers, géologie, botanique, — le passé, glorieux, — et le présent, si doux à vivre aux Pyrénées, — « vieilles courses, routes nouvelles » (variations sur des airs connus)....

Et sensations nouvelles d'une nouvelle génération, singulièrement connaisseuse et raffinée en pyrénéisme, entraînée à sentir vite et aigu, et à noter juste et bref...

La littérature pyrénéiste « impressionniste ».

Un de ses représentants caractérisés : le capitaine R...

(A terminer.)

APRÈS CENT ANS

I

L'AVENIR DES PYRÉNÉES : LA LUMIÈRE.

Première déclaration officielle d'épuisement de la montagne :

Maintenant que l'on a surmonté *tous les pics, les coureurs de* premières ascensions, *s'ils trouvent trop éloignés le Caucase, les Andes ou l'Himalaya, doivent aujourd'hui détailler — débiter pour ainsi dire — chaque arête de grande montagne pour y découvrir par ci par là quelque saillie plus ou moins insignifiante mais non escaladée. Faute de pics on conquiert des rocs, car* TOUT EST « FAIT ».

Qui parle ainsi en 1889 ? le Club Alpin lui-même, pa la plume de Martel, bientôt célèbre, qui trouve à prolonger l'alpinisme par un contre-alpinisme — « l'alpinisme à rebours » comme on va l'appeler — les *descensions*, la révélation du secret des abîmes (cette année même il dévoile la féerie de Padirac)....

Et quelle figure font, cent ans après Ramond, les

Pyrénées épuisées de pics vierges, devant les générations nouvelles qui pratiquent couramment les Alpes ?

Voici la réponse.

Pendant que les athlètes s'évertuent dans le couloir de Gaube, voyez, enlevé par deux chevaux rapides, ce léger phaéton d'où émergent sacs et piolets, et qui emporte dans de longues étapes vivement dévorées Labrouche et Bartoli.

Une idée du « petit touriste », ceci ! L'idéal : supprimer la fatigue des marches inutiles et l'ennui stérile des trajets en chemin de fer, profiter de l'admirable réseau des routes françaises, faire alterner la bonne voiture avec les ascensions, réunir confort, rapidité, intérêt. Il a découvert ceci, Paul Labrouche : que les vigoureux chevaux marchent mieux que les médiocres ; les chevaux de maître, bien nourris, capables d'efforts, mieux que les chevaux de louage. Or il en a deux bons, à Lahubiague près Bayonne (sa villa ; son bureau est à Tarbes où il est archiviste départemental. Depuis que nous l'avons vu, il a écrit dans la *Revue des Basses-Pyrénées* quelques menus articles de pyrénéisme — *Biarritz, Oloron, la Montagne d'Izeye, la Rhune, la Route de Bazen, les Chasseurs pyrénéens, Orhy et Ahusquy* — signés Pierre Bachacou) et un phaéton. Et en avant donc ! Pour les *Pyrénées connues et inconnues; entre les deux mers !* Tel est son titre dans la *Revue des Pyrénées* : récit très « emballé ».

Chacun des deux amis fait récit séparé, ce n'est pas un duo. — L'autre récit, dans le *Bulletin Sud-Ouest*.

Cinquième acte de la revue pyrénéiste commencée en 1884. *De Tarbes à Quillan*: presto, la toile de fond se déroule; les Pyrénées passent sous nos yeux, commentées par Bartoli en une série de vifs couplets. De temps en temps, à pied d'œuvre, abandon de la voiture et digression sur un

pic. — Bagnères, col d'Aspin, Luchon, — Cabellud au port
de Vénasque, — la Rencluse (que, au rebours de Tonnellé
et de Liégeard, Bartoli juge sans caractère : trou sombre et
sans horizon) et son « dangereux » Sebastian, Sebastian le
bandit (pauvre Sebastian ! pauvre Conchita Maria de la
Concepcion !) — le Néthou, où moyennant l'installation
d'une marmite on obtient en cinq minutes... un bifteck : le
Néthou-bifteck, progrès, — la descente dans Malibierne, la
remontée vers le Posets, la « cabane du soldat », le port
d'Oo ; et le phaéton — l'étape Luchon-Saint-Girons, quatre-
vingt-deux kilomètres et deux cols (braves chevaux !) très
intéressante et variée : par Fronsac (plaine de la Garonne.
« impression d'abondance et de fécondité, paysage plein
d'air, rien n'est plus riant), col d'Airès, col de Portet, entrée
dans l'Ariège, *le style des montagnes devient tout autre ;*
c'est moins majestueux, une certaine mollesse de lignes
mais non moins intéressant ; l'interminable Ballongue — et
de Saint-Girons (la sous-préfecture de France où l'on vit le
mieux au meilleur marché), Seix, le refuge forestier de
l'Artigue, d'où par les cabanes d'Aula et le port de Peyre-
blanque, au sommet du Mont-Valier, si peu visité —
l'ascension est si longue ! — mais si individuel et se dressant
d'un jet dans son isolement superbe ; pour vue, le brouillard
complet. — Puis de Seix à Vicdessos, et la suppression du
Montcalm (ô Chausenque !). Oui, cette tournée est la mort du
Montcalm. Vîtes-vous jamais enterrer une montagne? Voici.
C'est la Pique d'Estats seule qui compte, et il faut la faire
sans passer par le Montcalm, illogique, pénible, et à la vue
imparfaite. Le chemin, c'est la combe, le glacier (un glacier
à l'Est des Monts-Maudits !) et le col de Rioufred, et pour
revenir on n'y trouvera rien des dangers formidables
qu'annonce le *Joanne.* Feu le Montcalm. *De profundis.* —
Et le Carlitte : voulez-vous le faire non en deux jours, mais
en une petite journée par le plus court chemin : prenez-le de

Porté.... Et ne vous trompez pas. Labrouche et Bartoli se trompent et font la première ascension involontaire du sommet voisin, au Sud, qu'ils baptisent *Puy Lanoux* : la vue d'une splendeur admirable. Redescendus au col Carlitte, Bartoli est malade et renonce, mais Labrouche qui a un vieux compte à régler avec le Carlitte n'en veut pas démordre ; il poursuit seul l'aventure, se met sur une voie dangereuse, passe un « quart d'heure désagréable », montant verticalement dans le vide, puis Bartoli le voit « s'agiter sur le sommet ». Il y a lieu : *c'est le pays des merveilles,* va exulter Labrouche : à l'Ouest les Pyrénées jusqu'au pic du Midi, pyramide bleue ; à l'Est le Canigou et les crêtes énormes et sombres du Vallespir et du Lampourdan ; au Midi la Cerdagne, vaste mer desséchée, claire, cultivée, parsemée de villages. Et partout, devant, derrière, des lacs, un monde de lacs, blancs, étincelant au soleil, « des lacs qui paraissent allumés », suivant le mot célèbre de Russell. Et Labrouche également paraît allumé. Y en a-t-il cent, y en a-t-il mille ? Où les cartes en mettent un, il y en a dix ! Ceux de l'Ouest, comme le Lanoux, dorment dans leur ceinture de montagnes âpres ; les autres sont jetés dans le désert du Carlitte, chaos de roches calcinées, clapier immense et terrifiant. Par delà, les plaines du Languedoc et du Roussillon verdoyant à la lumière, et la Méditerranée aperçue à des distances infinies.... — Sur ce flamboiement la toile baisse mais les applaudissements d'un public allumé — tout le monde est allumé, ici ! — la feraient volontiers relever: encore! encore la lumière! (le Carlitte a décidément « une bonne presse. ») Encore!... Tiens ! plus rien ; le brouillard ! Bourg-Madame, col de la Quillane. — Et un dernier tableau : après Puy Valador, les gorges de l'Aude ; début engageant, la vallée boisée à miracle, le roc disparaissant sous une végétation inextricable, l'œil plongeant dans un abîme de verdure. Puis ça finit mal, à Escouloubre,

un affreux trou, tout y sue et pue la misère et la maladie ;
et Carcanières, bien que supérieur, est lugubre ; il y a de
quoi rendre malades les gens bien portants.... — Ici fin
brusque : il a fallu couper le dernier tableau, le Canigou,
car le congé de Bartoli expire : triste, il se sépare de son
ami pour aller reprendre à Quillan le train qui va le remporter
au Nord.... Quant à Labrouche il se fait encore traîner
jusqu'à Tarbes par ses chevaux....

Mais ce qu'il faut demander à Bartoli, qui depuis 1884 est
privé de Pyrénées et pratique les Alpes, c'est la chaleur avec
laquelle il dit l'irrésistible fascination qu'exercent sur lui
les pays méridionaux — couleurs, reliefs, parfums, ardeur
des jours, douceur des nuits, et jusqu'à l'entraînante exubé-
rance des habitants — l'amour du bleu, l'état nostalgique,
le long séjour dans le Nord ; le départ, et la silhouette des
Pyrénées se découpant enfin sur le ciel gris perle du matin, et
en se retrouvant dans le Midi la sensation d'indicible bien-
être, et après l'atmosphère sépulcrale de la Bretagne la
vivante et lumineuse gaîté de la Gascogne. Plus qu'une joie :
une délivrance.

Dans son piquant récit, ce qu'il importe de noter, c'est
la vivacité et la nouveauté des impressions. Les Pyrénées ne
sont pas usées. Le Néthou est toujours neuf, et Malibierne,
et le port d'Oo. Bien mieux, l'arrivée à Vénasque est
autrement sentie que cent ans avant par Ramond, ou
récemment par Russell et Lacaze-Duthiers ! Quel rondeau,
sur ce Vénasque « infiniment éloigné de la banalité », le
style de ses rues étroites et de ses maisons à sculptures, la
vie toute extérieure sous ce beau climat, les carrefours
regorgeant de groupes pleins de couleur où des gars de
haute stature, vêtus de *calzones*, causent avec de vigou-
reuses filles aux yeux noirs et aux jupes écourtées ! « la
splendeur du ciel, il faut le dire, ajoutait au pittoresque et

imprégnait le village d'une poésie que bien des gens n'y rencontreront pas. La nuit était la plus pure que l'on pût souhaiter pour donner des sérénades.... Tout cela avait une saveur singulière, un puissant attrait de nouveauté : si près de la France nous nous sentions déjà sur le sol africain. » Et tout est étrange ici, l'hospitalité au casino de Mariano, et les danses dans la salle basse, danses enragées, épileptiques ! Nos deux français ne résistent plus, ils s'emparent de brunes villageoises et les entraînent dans le tourbillon, puis essoufflés vont errer dans les rues : « la race est belle à Vénasque, on y croise des gaillardes à l'œil allumé et aux reins cambrés ; dans la tiédeur de cette nuit d'Orient passent des souffles doux comme des caresses. Chose étrange, on n'éprouve pas l'amollissement des nuits d'été en France, on sent au contraire bouillonner en soi une vie robuste. Il semble que le soleil d'Espagne vous ait mis du feu dans les veines et le diable au corps... » (Ça, c'est la bonne petite congestion de la moëlle, les soirs d'ascension. Mais la voilà bien encore, la grande griserie pyrénéenne.) Après douze heures de marche et une heure de chorégraphie forcenée, nos touristes voudraient chanter, bondir, escalader même un de ces balcons où s'agitent des éventails.... « Mais le sage alpiniste doit contenir ses exubérances. D'autres ascensions l'attendent. »

Et regagnant son auberge, il s'endort, le sage alpiniste, au flot de clarté lunaire qui entre par sa fenêtre ; il s'endort délicieusement tandis que voltigent des bribes d'une musique étrange, passionnée, diabolique....

Non, non, elles ne sont pas usées, les Pyrénées. Pour le gymnaste, possible. Mais pour l'homme qui sent elles tiennent toujours en réserve — entre autres merveilles de lumière et de couleur — cette impression (une des plus puissantes qui soient, à rendre jalouses l'Italie, la Grèce ou l'Afrique ; l'impression devinée par Michelet) : le passage de Luchon à Vénasque — autant dire : de Paris par Madrid à l'extrême fond perdu de l'Aragon, subitement ; six cents lieues en dix heures....

Il y a cent ans, Ramond inaugurait les Pyrénées par sa question : *Ont-elles de la glace ?* — Aujourd'hui un écho vient lui répondre : *Qu'importe la glace !*

Dans la pureté flamboyante d'une après-midi, les Pyrénées viennent de se montrer à Bartoli : « Voilà leur caractère propre ! » s'écrie-t-il enflammé. « *Ce qui les rend originales, admirables, c'est l'opulence de leur lumière ; c'est là pour satisfaire les plus exigeants.* »

Pourquoi leur reproche-t-on de ne pas avoir de glaciers, ou trop peu ? Les glaciers, ce n'est pas leur affaire. La neige est-elle donc le seul principe, le principe même, le critérium du beau ?

« *Je ne saurais hésiter. Pour moi, la forme que revêt le beau dans les farouches escarpements de la Partagua ou le cône rutilant du Coticilla n'a pas moins de valeur que celle qu'il prend dans les steppes glacées du Géant ou du Théodule. J'ai consacré bien des campagnes aux grandes Alpes, je les ai parcourues du Viso à l'Ortler, j'y ai ressenti de bien profondes admirations et de bien vifs enthousiasmes ; mais, dans l'intimité de mon souvenir, j'aime surtout à évoquer l'image de quelque brûlante vallée aragonaise aux murailles de roche rouge, semée, vers le fond où bondissent les cascades, de pins odorants et d'innombrables fleurs.* »

II

PLANS EN RELIEF.

Pour remplacer le tableau du Canigou, coupé dans la revue de Labrouche et Bartoli, un autre tableau, imprévu : Paris, le Champ de Mars, l'Exposition universelle de 1889, la tour Eiffel, sur laquelle quelques grands guides pyrénéens sont pris de vertige , et dans l'exposition du Club Alpin : *les Pyrénées vues du Piméné* de Schrader, *le Mont Perdu* de Rocheblave, *la Cascade d'Arrasas* de Vallot, tous dessins de premier intérêt.

Puis un objet curieux : *le Relief du pic d'Ossau* de Bayssellance.

Et un autre infiniment curieux, *le Relief du Mont Perdu* et régions adjacentes, par Schrader (aujourd'hui déposé au Club Alpin), qui est comme la divulgation et la vulgarisation du grand secret pyrénéen.

Et si nous revenons aux Pyrénées : dans la mairie de Cauterets le superbe *Relief des Hautes-Pyrénées* au cinq millième, par Wallon ; le quadrilatère compris entre Sainte-Marie de Campan et le col de Tortes, Bielsa et Santa-Elena de la Thena.

Et à Toulouse le grand plan en relief de l'ensemble des Pyrénées, par Decomble.

Tout ceci, continuation brillante du centenaire de Ramond. Mais il y a autre chose.

En septembre 1889, Bayssellance, Blaquière, Peyredoulle avec Pujo, s'offrent la belle excursion Gavarnie, Tuquerouye, pic du Marboré, descente dans Arrasas, Torla, Broto, col de Brazato, bains de Panticosa, port du Marcadau, pont

d'Espagne, le Vignemale (la grotte Russell disparue sous
la glace ; celle des guides, engagée : reste celle des dames,
meublée d'un miroir) descente par le col de Cerbillona
(très dure, les touristes croient que ce sera l'affaire d'une
demi-heure, ils y mettent deux heures, et arrivés en bas se
demandent stupéfaits s'il est bien possible qu'ils soient
descendus par là !) puis, par le col des Mulets, à Cauterets.
— Bon récit de Peyredoulle dans le *Bulletin Sud-Ouest*.
(*De Gavarnie à Cauterets*, etc.)....

— Mais ces récits redisent éternellement les mêmes
lieux....
— Eh ! à présent les Pyrénées ont cent ans. Ce sont des
personnes âgées : comme telles, elles se répètent.

Mais voici du nouveau : à Tuquerouye, les touristes ont
trouvé des ouvriers, une construction dans laquelle ils ont
couché....

III

1890. — A TUQUEROUYE :
LE REFUGE LOURDE-ROCHEBLAVE.

Suite de l'organisation de la conquête.
Revenez encore, Ramond !
Le 4 août 1890 revenez. Il va y avoir fête. Munissez-vous
du « programme » ; il est donné par le *Bulletin Sud-Ouest*.
A ce propos, faites-vous affilier à une section du Club Alpin ;
sur toutes choses grande réduction de prix. (Le tableau des
rabais concédés en cette occasion aux clubistes dans les
hôtels est aussi donné par le *Bulletin Sud-Ouest*. En vieil-
lissant, ceci deviendra un des très curieux documents du
pyrénéisme.)

A Gèdre, dans la maison Palasset. Vous souvient-il de 1787 : *les foins nouvellement coupés exhalaient leur odeur champêtre, les tilleuls tout en fleurs embaumaient l'atmosphère...* ? Aujourd'hui ça sent la cuisine (rumsteak à la Marboré, poulets aux champignons de Troumouse).... — Alors, banquet ? — Oui — Alors on inaugure ? — Oui — Quoi ? — Eh bien, le 5 août au matin passez la brèche d'Allanz, par un bon sentier *(ce sentier-ci, le Club Alpin l'avoue hautement !* écrit l'*Annuaire*), prenez votre capricieux glacier de Tuquerouye, qu'en 1882 Russell trouva veuf de toute glace, un couloir de pierraille, et où naguère Schrader a retrouvé la fameuse bosse de glace difficile. Si la neige vous gêne, prenez le rocher de droite, il est truqué : crampons, barreaux, câbles. — Qu'est ceci ? un cétacé ? un « débris du règne organique » ? l'océan est encore revenu ?... — Non. Pas peau de baleine. Coaltar. Construction humaine. Abri. Refuge. Vous souvient-il de 1797 : *le lac nous ne l'avons vu qu'en courant, et l'on ne verra rien qu'en courant à moins de s'être ménagé une retraite sur ces hauteurs... ; si je faisais construire une hutte... je voudrais placer cela dans une position qui offrît plus de probabilités de succès ?* Eh bien la hutte, aujourd'hui, ça y est ! Œuvre de Lourde-Rocheblave, qu'il a conçue pendant la nuit passée ici en 1873 avec Schrader et Chapelle, à laquelle il s'est consacré avec passion ; depuis des années le *Bulletin Sud-Ouest* en est plein. Et sous l'abri, édicule annexe dit « de nécessité ». (Qui veut la fin veut les moyens). Continuons. Vous souvient-il : *la brèche reparaît avec de gigantesques proportions, on sent le vent frais qui débouche de sa large ouverture...?* — Aujourd'hui on sent la cuisine. — Oui. — Encore banquet ? — Oui. *On se hâte, on s'élance, spectacle affreux..., un instant indivisible l'avait développé et plusieurs instants ne suffisaient pas pour lui coordonner nos sens...*, la Tuquerouye-restaurant où se pressent soixante-quinze personnes à

qui tout à l'heure, à la montée, Chapelle versait déjà « des
apéritifs à plein verre ». *Les vivres, on saura s'en passer!*
déliraient vos jeunes gens en 1797 ; aujourd'hui, Tuquerouye à
douze francs par tête ; menu illustré : truites du lac glacé,
filet d'isard du Mont-Perdu, selle de bouquetin (??) d'Arrasas,
champagne à indiscrétion ; la Tuquerouye Père Lathuille !
Dans les assistants voyez Madame Tisseyre, Alicot député
d'Argelès, Blaquière, Brulle, le Père Carrère, Vincent
Cénac, Durier, chef de division à la Justice et vice-président
du Club Alpin, Fabre, Forsans, Jaeggi, Labrouche, Lourde-
Rocheblave, Léon Manchon (qui avec Brioul va trouver
une belle voie le long d'Arrasas, par les deux tiers de la
hauteur du mur de Diazès), de Monts, Tisseyre, Viennot,
Wallon..., vingt-cinq autres, une trentaine de guides et
maîtres d'hôtel. Remarquez Brulle et de Monts, ce matin
même ils ont imaginé une « route nouvelle » : partis de
Tuquerouye, tournant le lac par la droite, coupant de biais
la cataracte de glace du Mont-Perdu, abordant l'arête
Nord-Est, traversant le glacier qui maintenant, Ramond,
porte votre nom, le *glacier de Ramond,* ils sont allés droit
à votre pic, le *Soum de Ramond ;* de là, passage à la cime
du Mont-Perdu et retour à Tuquerouye pour le festin !
— Et maintenant au dessert (relation de Paul Labrouche,
Bulletin Sud-Ouest) « le champagne coule à plein bord
dans les verres, et les santés sautent, comme la mousse du
vin blanc et l'imagination d'alpinistes qui ont bien dîné. »
A plein bord aussi coulent les paroles. Saluées par des
applaudissements « à tout rompre ». Toast du maire de Luz.
Remerciements de Blaquière représentant le C. A. F.
Discours de Blaquière. Toast du député Alicot. Grand
discours de Durier : le morceau de résistance ; Durier est
ici un personnage, un grand chef, dans les gros gradés du
Club Alpin et délégué par la Direction Centrale, un proconsul
en mission ; d'ailleurs enthousiaste : ne s'étonne pas, dit-il,

que le champagne ait été frappé à Tuquerouye, lui-même
Durier l'ayant été, frappé, par la vue. (Durier était homme
d'esprit : c'est lui qui, à quelques alpinistes outrés de la
publication de *Tartarin sur les Alpes* et qui lui ont parlé
de réfuter Daudet, a répondu : *il n'en a pas dit encore
assez !*) Remerciements de Lourde - Rocheblave . Santés
générales : au rapporteur de la commission des refuges, à
l'entrepreneur, aux ouvriers, au conseiller général, au maire
de Gavarnie, aux habitants, à Mme Tisseyre, à l'inventeur de
la voûte du refuge, à l'inventeur du revêtement de coaltar.
Wallon « dans de multiples mouvements d'enthousiasme »
félicite petits et grands, vieux et jeunes. Le député Alicot
remercie. Gross, qui est du Club Alpin Suisse, se déclare
émerveillé du panorama. Levillain, administrateur de la
Section du Sud-Ouest, parle, Dot parle, Druène parle. « Cet
élan mirifique continue très longtemps, et il n'a pas encore
cessé quand la source du champagne est tarie à fond ». Et
entre temps, « une admirable scène » : Durier, au nom de la
Direction Centrale, fait appeler Henri et Célestin et leur
donne l'accolade…. Voyez, Ramond, voyez !

Et encore ceci : « au sortir de table, la fête est finie, » dit
Labrouche. La plupart redescendent. Mais quelques fidèles
restent à Tuquerouye, et après un feu d'artifice (oui, un feu
d'artifice !) y couchent — dans l'abri décidément bien
commode — pour faire le lendemain avec Henri Passet
l'ascension du Mont-Perdu, descente par Arrasas. Durier en
est, et voit Labrouche pratiquer ses ablutions dans le lac
glacé. « Dans un autre genre », dit-il, « le camarade
Labrouche est enclin comme Henri IV *à faire force des
siennes et grandissimes folies* ». Le petit touriste lui a dû
donner le spectacle de ses bains de soleil…. Durier, bon organisateur, l'âme du Club Alpin, ne connait point les Pyrénées.
Il va donner à l'*Annuaire (Mont-Perdu et Mont-Blanc)* le
récit de ses impressions à Barèges, au pic du Midi, à Luz,

Gavarnie, Héas, Troumouse, Tuquerouye (d'où il va aller aux Alpes), et à le voir en 1890 subir « la séduction de la Munia », et le « double saisissement » de Tuquerouye (la table du banquet, et la vue du Mont-Perdu « d'un effet prodigieux, la vision tient du prestige ») et surtout l'émotion de la montée Luz-Gavarnie, et une complète fraîcheur d'impression dans un lieu si rebattu, on se rappelle, vos paroles, Ramond ! alors que vous arriviez après les Voisenon, les Bertin, et la troupe des promeneurs du xviiie : *grande et fière nature que n'ont pu rendre triviale ni d'insipides descriptions ni de burlesques peintures, ni le concours même que sa célébrité lui attire.*

Nous n'avons pas fini. Deux mois après, 13 octobre, donc en fin de saison, — comme vous, Ramond ! — Trutat accompagné par Henri Passet, monte Tuquerouye avec Félix Regnault. *(Dix semaines plus tard*, dans le *Bulletin Sud-Ouest.)* Et voici que comme vous, il trouve le glacier à nu et impossible ; comme vous il doit se rejeter à droite, comme vous escalader la tranche de glace de la rimaye ! Et de plus que vous, la descente très difficile, périlleuse ; et au moment d'arriver à la borne, voulant nous dévoiler une rouerie familière aux photographes, « l'accident posé », comme il met en scène *le sauvetage du touriste par un guide,* place Regnault et Passet en position et prononce le *ne bougeons plus,* crac ! tout bouge, s'effondre, glisse, et Trutat file dans une crevasse sous le glacier ; cette fois, vrai sauvetage ; trop heureux de s'en tirer avec quelques blessures et la perte de ses clichés. *J'ai eu toutes les difficultés qu'on peut avoir sur un glacier,* dira Henri. — Ramond, vous aviez donc dit vrai pour la fameuse échelle de glace. — Et voilà pourquoi l'ascension de Trutat est, elle aussi, historique.

Mais Trutat, chose singulière et triste, est marqué pour l'accident : il va se briser atrocement la jambe. Aux Pyrénées ? Non. A Paris, en descendant d'omnibus.

IV

MINUIT AU MONT-PERDU.

Tout à Tuquerouye. Notes sur notes sur le refuge dans le *Bulletin Sud-Ouest*. Lourde rêve d'en commencer un autre au col de Rabiet (nous sommes dans l'*ère des abris*). Un de ces jours il racontera *Un orage vu de Tuquerouye* (dans l'*Annuaire*). Un nouveau gavarniste, montagnard photographiant à objectif que veux-tu, Lucien Briet (parisien, habitant Charly-sur-Marne) fait à Bordeaux en 1891, une conférence sur Tuquerouye, très curieuse, parce que la personnalité et la biographie de Ramond, si mal connues alors, commencent à s'y dégager.

En quelques années, mille personnes passeront à Tuquerouye vulgarisée.

Dont Packe, en 1890, faisant le tour du Mont-Perdu.

Et Russell ? Oh, quand il y a soixante-quinze alpinistes quelque part il n'est pas pour jouer le soixante-seizième. Il n'inaugure pas. Mais il va venir.

En 1890 il a fait sa vingtième du Vignemale : jamais le glacier si perfide, si disloqué ; fracturé en tous sens jusque sur le plateau de névé, crevasses se croisant à tous les angles, séracs magnifiques. (Si c'est ainsi que Chausenque le vit jadis du haut de sa « seconde pène », il est excusable, pour son temps, d'avoir désespéré.)

En 1891, il va encore donner à l'*Annuaire* du Club Alpin le résumé annuel de ses courses. Mais c'est la dernière fois. Le pressent-il ? On le dirait, tant il est ému et véhément.

Cet article porte le titre habituel : *Ascensions*. Il pourrait être intitulé *Trente ans après*.

Savez-vous bien que cette année 1891 il y a juste trente

ans que Russell, au retour du grand voyage, fit son serment
de fidélité aux Pyrénées ? Aujourd'hui il le renouvelle. *Mes
goûts n'ont pas changé !* Passion inextinguible de la neige,
avec l'horreur du trop de neige. Vivre haut, y coucher par
de belles nuits, rêver aux misères de la plaine sur des
glaciers immaculés où se promène silencieusement la lune....

Voilà pourquoi, ayant fait sa vingt-et-unième du Vignemale, Gavarnie, et le Taillon, et Estom-Soubiron où il a
trouvé la carte de la comtesse de Lagrange, et les Monts-
Maudits, il veut être à minuit au Mont-Perdu, compléter sa
trilogie des nuits commencée jadis au Néthou et au Vignemale, et passer « la revue nocturne ». Avec Henri, à six
heures du soir il franchit la brèche de Roland : le soleil
décline, il va mourir ; bientôt la neige, immense cette année-
là, s'allume ; le monde a l'air en feu ; mais c'est la fin, car le
soleil s'en va, il disparaît dans un tombeau d'opale et de
rubis, et tout meurt avec lui ; l'ombre monte partout, les
sierras dorées de l'Aragon s'éteignent les unes après les
autres dans la pourpre et dans la gloire ; le cœur se serre un
peu, que réserve la nuit à pareilles hauteurs ? Mais il fait
doux et l'illustre montagnard jouit en paix d'un des plus
beaux spectacles de la nature : l'adieu suprême du jour aux
sommets attristés de la Terre. — Au Sud de la Tour : « cerné
par l'hiver et la nuit ». — A neuf heures au pied du Marboré ;
la lune a des apparitions superbes, mais s'éclipse à chaque
instant derrière des nuages énormes qui ne cessent de
monter, de descendre, de s'agiter, de fondre et de se reformer :
« quelque chose les tourmente ». Dîner, curieux et mémo-
rable, la lune servant de lustre ; un rêve, un roman du pôle
Nord ; pris dans les nuages, mais en levant la tête Russell
retrouve un ciel pur où règne la majesté des nuits arctiques
et s'enivre, comme à vingt ans, des délices du désert. — A
dix heures au pied du Cylindre, dans des contrastes de

lumière et d'ombre splendides et terrifiants : « droit devant
nous la pyramide électrisée du Mont-Perdu, où des lueurs
effrayantes luttent avec les ténèbres et les nuages, se dresse
vaguement dans les immensités glaciales de l'air, qui se met
à rugir ; le calme a disparu, la neige a des phosphorescences
et des éclairs, les glaciers ont la fièvre, et la nature entière,
devenue nerveuse, commence à frissonner, à palpiter et à
gémir.... » Walpurgis formidable. — « Voici minuit. Nous
attaquons le grand couloir occidental : on ne voit plus rien,
c'est un Erèbe. Il faut ramper comme des reptiles en se
collant au sol, et sur le dôme final Henri est obligé de
creuser à tour de bras des marches énormes assez profondes
pour être visibles pendant la nuit, la moindre erreur des
yeux nous précipiterait dans l'autre monde. » Froid épouvantable, l'exaltation de la victoire l'atténue. « Quelle nuit ! »
(tous les prestiges ordinaires et toutes les hallucinations ;
— en somme, merveilleux pendant au *Seul au Mont-Perdu*
de 1858 — lune de sang, et nuages démoniaques ; et un vent !
Russell et Henri Passet croient à chaque instant être
emportés). Le matin il fit beau. — Russell de cette affaire
reste *cinquante heures sans dormir*. — Aussi lorsqu'après
être allé en septembre au Pic du Midi recevoir l'hospitalité
(moins substantielle que celle de Nansouty, et déplora-
blement conçue au point de vue alimentaire) de Vaussenat
(qui va mourir en décembre), il nous conduit cette fois jusqu'à
la terrasse de Pau, la note est nouvelle : une adorable et
molle cantilène, sur le Midi et sa douce atmosphère
traversée du vent d'Espagne ; un Russell tout en morbidesse :
« Comme je les aime, ces rafales somnifères et plaintives du
Simoun ! Comme elles soupirent et comme elles font rêver !
Tout chante dans le Midi, dans les régions bénies et
heureuses, pays du chant, du rêve et du soleil, pays du
rêve et de l'indécision, où le vent du Sud endort les hommes
comme la nature.... Aux pieds des Pyrénées les rivières

même semblent subir l'influence narcotique du climat, elles ralentissent leur marche et n'avancent qu'à regret vers la mer.... » Etc. Puis il se réveille, pour décocher une malice à la compagnie du Midi : « les trains de chemins de fer eux-mêmes ont horreur du mouvement ! »

Un mois avant d'aller au Mont-Perdu, Russell avec Célestin est monté à Tuquerouye par le couloir légendaire, exprès pour offrir ses hommages à l'abri nouveau-né et déjà si célèbre.

Sur l'abri il ne dit trop rien : certainement il est laid, il a l'air d'un bateau chaviré la quille en l'air, mais il est utile ; donc point de malveillance.

Mais quand il en arrive aux blessures faites aux rochers, aux barres de fer dont on les a lardés, aux travaux d'art dont on les a défigurés, il commence à bouillir. Voilà donc ce qu'on a fait pour populariser Tuquerouye, *pour le rendre accessible aux vieillards, aux malades et à tous ceux qui ont peur de la neige un peu raide !* Profanation !

Et il éclate dans une furieuse sortie : — *Vulgariser c'est rendre vulgaire. — Il n'y a aucune nécessité, ni même aucune utilité à ce que tout le monde puisse faire des escalades ! Ce n'est pas un devoir, pas plus que de jouer du piano comme Liszt, de peindre comme Raphaël ou de parler comme Cicéron ! — Bien plus : une foule enlaidit tout, même la nature, et surtout les montagnes ! — Les refuges pour faciliter aux alpinistes sérieux et enthousiastes leurs séjours dans les régions élevées, oui ! — La mutilation des passages difficiles, les sanctuaires de la nature livrés ainsi à tout le monde, non !*

Et fièrement :

« *Je pris donc à Tuquerouye, comme toujours, la seule voie naturelle, le majestueux couloir de neige sans traces et sans souillures, où l'on ne monte qu'avec ses jambes, comme un homme, et debout....* »

APRÈS CENT ANS

(SUITE)

V

GLOIRE DE GAVARNIE : LES CHAMPS-ÉLYSÉES.

La génération conquérante, au repos, prend place pour voir opérer la génération envahissante.

A Gavarnie, depuis 1880, un lieu illustre. Il ne paie pas de mine : dans l'hôtel des Voyageurs une langue de terre grande comme deux doigts, bordée d'un mince talus gazonné. Réservé aux pyrénéistes de marque, qui s'y tiennent à l'abri de la cohue des touristes, excursionnistes, promeneurs à âne, et pèlerins de Lourdes. Parce qu'il y a là deux ou trois guéridons pour prendre le café, l'endroit fut dénommé les Champs-Élysées, en souvenir des Champs-Élysées à Paris et des tables de Ledoyen. Mais ce pourrait être aussi en mémoire des Champs-Élysées mythologiques. De grandes ombres, ici, fréquentent — heureusement très vivantes — tout un pyrénéisme historique : les ancêtres ! dont certains ont à peine quarante ans. Et à l'entrée, montant la garde, les grands guides. Moment incomparable ! Résultat de trente ans d'époque « héroïque », et de la confection — si l'on peut dire — des grands guides par les grands pyrénéistes, et des grands pyrénéistes par les grands guides.

Les Champs-Élysées! Pour parler comme l'auteur des *Grandes Ascensions:* le lieu est sublime et terrible à contempler. Lieu de conversations transcendantes et suprêmes. Le fin de l'art! Lieu auguste et redouté. Aréopage et potinière. (On y appelle *Crottinville* l'extérieur de l'hôtel, la place aux locations d'ânes, le Gavarnie-Montmorency: au dedans c'est *Potinvast.)* Tous les faits et hommes, et les points de quintessence (d'ailleurs toujours les mêmes: s'il est utile de faire la difficulté pour la difficulté; — si le sommet du pic Pétard est en France ou en Espagne; — quel est le prééminent, d'Henri ou de Célestin: Henri, causeur, flatteur du client; Célestin, silencieux; celui-ci plus « génial » dans la difficulté et le « grand art », celui-là si sûr d'instinct — si le glacier d'Ossoue a deux kilomètres ou trois, etc.) sont examinés et contrexaminés par des juges sévères comme les juges des enfers et renseignés comme le Conseil des Dix. Car les murs du Marboré ont des oreilles (et une langue). Dans les Champs-Élysées, parfois, fron-cement général des sourcils: un étranger est dans la zone sainte! (Le gavarniste subodore à dix kilomètres la présence d'un guide de Cauterets, surtout celle d'un guide de Luchon.)

Quoi? Qu'est-ce? Il prétend, l'étranger, être allé au Gabiétou? ou au Cylindre? avec un guide de Luchon? Allons donc! (on est « sur l'œil », dans le monde du pic.) La vérité est qu'il s'est mis en perdition, et qu'il n'en serait pas sorti sans la survenue à point, comme par miracle, d'un guide de Gavarnie! Et un chœur éclate, en « tristesse d'Olympio » :

> *N'existons-nous donc plus? Avons-nous eu notre heure?...*
> *D'autres vont maintenant passer où nous passâmes?*
> *Nous y sommes venus, d'autres vont y venir?*

Mais oui, mais oui!

En attendant, jouissez du moment, Gavarnie. Et de la gloire. Jouissez du moment. Il passera, hélas! et jamais ne se retrouvera.

VI

AU VIGNEMALE : LES GROTTES BELLE-VUE.

Autre lieu célèbre. Au flanc du Vignemale, depuis 1889, les trois grottes Bellevue.

En se les ménageant Russell fut bien inspiré.

Une aventure merveilleuse lui est arrivée.

Il a achevé de « régulariser ». Il a épousé sa montagne.

Devant la loi civile, et — l'épousée étant trop massive pour se transporter à la mairie — par une sorte de *coemptio* de droit romain, d'achat symbolique par le denier.

Parlons clair. En 1889, avec autorisation préfectorale, le syndicat des vallées a eu la gracieuse pensée d'offrir à l'illustre pyrénéiste le Vignemale en cadeau : de le lui donner à bail emphytéotique moyennant une redevance annuelle d'un franc.

Le code dit emphytéote, le public prononce : propriétaire.

Russell a la situation fantastique de PROPRIÉTAIRE DU VIGNEMALE.

La plus haute propriété de l'Europe.

Propriétaire d'un mont de premier ordre et de deux cents hectares de glaces. Ceci dépasse Chateaubriand et son Grand-Bé. (Maître absolu, sauf la seule obligation de laisser libre la circulation. Mais maître d'empêcher le sommet du Vignemale d'être asservi par un observatoire ; et — ô joie ! — maître de prohiber l'apposition déshonorante des barreaux et crampons !)

Et le piquant c'est que, la cérémonie faite, lorsque l'époux du Vignemale vient à la chambre nuptiale, il la trouve fermée (ceci, tout à fait une situation de théâtre) : précisément la villa Russell vient d'être bloquée sous la glace ! Pour cinq ans, 1889-1894.

Russell s'installe à Bellevue, et chaque année pendant
une semaine, y tient sa cour. Oui, sa cour. Au point culminant de sa célébrité et de son originalité, il a position
incontestée de roi du Vignemale. Comme tel, dans les
journaux locaux, glorifié en cantates royalement, chan-
sonné sur l'air du *Roi d'Yvetot*, peint en portraits officiels
(Un montagnard pyrénéen, par Antoine Benoist, dans la
Revue des Pyrénées: ceci rend bien la finesse aristocratique
de l'homme sous les excentriques accoutrements du montagnard, le côté mystique et énergique, et la timidité extraordinaire et presque rougissante, le parler lent et comme
hésitant, puis soudain la malice impitoyable aux faux
alpinistes, aux maniaques du jeu de *golf*, et surtout aux
vrais alpinistes qui ne sentent rien). Il faut le voir monter
d'Argelès à Gavarnie, royalement, en landau à quatre
chevaux, et faisant écarquiller les yeux des étrangers: *le
voilà! c'est lui!* A Pau, Russell est, lui aussi, le grand
Henry, *lou nouste Henric;* et en le voyant, l'autre Henri —
qui sur la place royale tourne si gaillardement le dos aux
Pyrénées pour regarder Paris qui vaut bien une messe —
l'Henri de marbre sourit et la trouve très bonne!

Et peu à peu les portraits dévient dans le convenu et le
faux. L'ermite, le misanthrope, le troglodyte.... Et parce
que Russell a écrit un petit guide en anglais sur *Pau,
Biarritz, Pyrénées, by Count Russell* (Vignancour),
l'auteur des *Lettres moscovites, ou Pau dans les journaux
russes* (par Michel de Chrouschoff: Pau, Vignancour, 1890,
in-8° de 100 pages) le donne — Russell, la santé même! —
comme un ex-poitrinaire venu mourant demander sa guérison
à Pau où il s'est fixé par reconnaissance, et il écrit que pour
le Robinson des Pyrénées *Pau est un pied à terre où il
vient se reposer entre deux expéditions.*

Le poncif et la légende, nous y voici.

Eh bien, le Russell vrai est exactement le contraire. Le

Vignemale, pied à terre entre deux campagnes mondaines à Pau. La grande misanthropie d'été dans un troglodytisme confortable. Le Russell du fameux sac à dormir, exceptionnel. Le Russell normal ? En cravate blanche, et c'est lui-même qui se définit : « *englouti dans un tourbillon social et musical, visites, concerts, goûters, dîners, et une correspondance affolante* ». (On s'arrache en effet ses lettres, et il en est prodigue, et il fait bien, car il y est simplement délicieux !) Voulez-vous le voir, le Russell vrai ? Prenez-le dans un grand concert de charité, devant une assemblée choisie, accompagné par quelque élégante pianiste, et enlevant avec âme, sur son violoncelle, la polonaise en ut de Chopin....

Royalement, Russell qui en a fini avec ses grands écrits pyrénéistes, lance annuellement ses proclamations, brefs articles qu'il sème dans les journaux et revues, sur toutes choses au gré de son caprice : *Philosophie des Ascensions, Les Charmes de Pau, climat, musique et jeux, L'Hiver pyrénéen et ses splendeurs, Le Vent, Une Ascension charmante et inédite* (le beffroi de Saint-Martin), *Utilité des refuges haut placés, Déserts pyrénéens, Les Pyrénées occidentales, Les Prévisions du temps, Du bleu dans la nature, Du beau dans la musique, L'Automne à Pau, climats et caractères*, et toujours son sujet favori : *Ma vingtième ascension au Vignemale. — Effets de nuages sur le Vignemale* (toujours l'enthousiasme : il pense à Wagner, Meyerbeer, Victor Hugo : que leur aurait inspiré un tel spectacle ?) *Ma vingt-et-unième, Ma vingt-deuxième, Ma vingt-troisième.*

Et ici, une riposte de Russell, qui est tenace et n'aime pas être battu. Ses grottes de 3005 mètres sont bloquées. Eh bien, il en ouvrira une plus haut encore, au sommet — le *Paradis* — entamée en 1892, parachevée en 1893 à coups de dynamite, mais néanmoins avec précaution : à 3280 mètres

le sommet est mince, il ne faut pas passer au travers. Crever
le Vignemale, grands dieux !

Et en 1894 « *Ma vingt-cinquième*, noces d'argent, huit
jours au *Paradis.* »

Avec le plus fervent de ses disciples : le jeune baron de
Lassus.

Physionomie marquante du néo-pyrénéisme, Bertrand de
Lassus. Possesseur — et constructeur — près de Montréjeau,
du merveilleux château de Valmirande, que François Ier eût
pu envier, et que, comme vue sur les Pyrénées, la terrasse
de Pau peut jalouser. Robuste montagnard. Pratiquant un
pyrénéisme vigoureux à la fois et somptueux. Vit en haute
montagne, qu'il parcourt avec un équipage rappelant le
docteur anglais de la *Chaumière Indienne*. Il a tentes,
vivres, meubles, lits complets; il a guide, porteurs, serviteurs,
photographe, peintre, et même un aumônier. C'est splendide !

Et ici il nous faut rapprocher deux curiosités, deux raretés
de la bibliographie pyrénéiste.

*Une ascension manquée, souvenirs de la vingtième
année, par Marc de L...,* Paris, imp. Martinet, 1856, in-8°
de 222 pages, luxueux, sur papier vélin fort, *tirage à
cinquante exemplaires numérotés.* (C'est une histoire héroï-
comique : l'ascension du Mont-Valier manquée en 1850 par
le jeune Marc de Lassus, peu expert et qui s'est lancé dans
une ascension avec ses bottes de ville : les bottes, la coquet-
terie des élégants d'il y a un demi-siècle ! Nous aurons
occasion de revenir sur ce rare volume.)

Ceci est du père. Voici du fils :

*Bon B. de Lassus. Minuit et Aurore au sommet du grand
Vignemale.* Saint-Gaudens, Abadie, 1892, in-8° de 34 pages,
tirage à cinquante exemplaires numérotés. Ascension du
Vignemale faite en partant de Bellevue à dix heures du soir
avec Henri Passet. Enthousiasme à la Russell. Cantique
pyrénéiste. Dédicace au comte Russell.

VII

REVANCHE DE LUCHON : LE CASINO.

Et Luchon, que peut-il contre le triomphant Gavarnie ?
Luchon que Russell, malgré son admiration pour les Pyrénées
centrales, a contribué plus que personne à discréditer comme
centre montagnard, trop éloigné des grands sommets ?

Luchon s'épanouit dans la satisfaction. Luchon se rit de
la gloire circonstancielle de Gavarnie. Luchon a réalisé son
rêve. Luchon a un casino.

Monumental ! Comme on dit à Toulouse.

Prodige ! Luchon a défait l'œuvre de d'Etigny. Luchon a
pratiqué sur lui-même la plus téméraire des opérations de
chirurgie : se changer le cœur de côté. A l'allée d'Etigny,
à l'établissement thermal et aux Quinconces battait le cœur
de Luchon. De force, à présent, on le fera battre au casino
placé de façon excentrique — pour une vue assurément
superbe, mais qu'on ne voit pas, puisque l'on va au
casino le soir. Ce casino gigantesque est pour vingt mille
personnes, et lorsqu'il n'y en a que deux mille, chiffre
énorme, il paraît vide, tout en faisant lui-même sur l'allée
d'Etigny un vide pneumatique.

Vide qu'on a l'ingénieuse pensée de faire constater par
d'Etigny lui-même : qui vient (1889) d'être placé, en marbre
(d'ailleurs très bien, par Crauck), à côté des bains et qui
regarde son allée....

Mais Luchon a une poussée de mégalomanie — qui passera
bientôt — et le mépris des baigneurs ! Les deux grandes
ressources, les arthritiques, il n'en faut plus ! et les malades
que Rabelais appelait très précieux, ils ne valent plus un
clou. Le rêve, maintenant, c'est d'être un second Aix-les-

Bains, le jeu, la saison toute l'année, le monde des fêtards, aussi le demi-monde, le Pactole permanent.

Et Luchon en arrive à cette conception inouïe de faire administrer les Thermes par le Casino, par la cagnotte!...

L'inspectorat thermal a été supprimé (jalousie de médecins). Eh bien non: c'est le baccarat qui est l'inspecteur.

Luchon toutefois veut conserver un engin thermal admirable et puissant: *le humage*, et ses prises de vapeur réglées par des mécanismes, à l'instar des locomotives. (A propos: vous ne savez pas? eh bien! il paraît que les bains étaient une séculaire illusion, jamais vous n'y avez absorbé un milligramme de soufre par la peau; vous n'y absorbez que ce que vous humez, en respirant l'atmosphère de la baignoire. Le bain ne fut qu'un humage mal pris....) C'est que le humage flatte sa passion secrète. Le rêve de Luchon: « embêter » Cauterets, lui prendre ses larynx. Cauterets, la bête noire de Luchon, avec un peu de dédain. Luchon, la bête noire de Cauterets, avec la jalousie sombre.

L'autre bête noire de Luchon: Biarritz, qui soi-disant fait filer le monde en septembre. Sans Biarritz, pensez bien, personne ne s'en irait plus!

Et malgré tout, Luchon demeure incomparable. Que Gavarnie ait Russell et Brulle, les Passet et Salles! Luchon, maintenant a les batailles de fleurs, annoncées par affiche de Chéret.

Luchon a pour le célébrer, journalistes, chroniqueurs, et les toulousains. — Ernest Ferras: *Jean Bonnet à Luchon* (Toulouse, Brun, et Luchon, Lafont, in-12 de 280 p.). Un guide en forme de roman. Affabulation des plus simples: Jean Bonnet, avocat, toulousain, donc irrésistible, se trouve dans le train de Luchon avec une richissime famille américaine, père, mère et fille. Pensez qu'il épousera miss Rickson à la dernière page, après lui avoir servi de guide au casino, à la Fontaine d'Amour, à la rue d'Enfer, au lac d'Oo, à la grotte de Gargas et même — Dieu me pardonne! — à Barbazan. *Barrebazangne!* Oh, la célébrité de Barbazan le détergeant parmi ces gros méridionaux sanguins qu'à Narbonne on appelle des *térébourets* — du nom d'un gros raisin plein de jus — et qui viennent « s'en fourrer tant qu'ils peuvent, » trente verres par jour pendant cinq jours, pour se désencombrer, et vite. M. Rickson et Jean Bonnet subissent l'effet instantanément et passent précipitamment dans le petit local... c'est charmant. Très amusant, ce Luchon « des gens chic de Lodève et de Brive » qui se croient au boulevard des Capucines parce qu'ils voient Fanny Robert; et, décrit par un toulousain — avec ces deux locutions toulousaines: *Monsieur un tel promène, il reviendra dans demi-heure* — ce Luchon de toulousains, attablés chez Arnative à prendre le *pippermingne* et heureux de voir passer et de nommer plein la bouche, Hébrard (du *Temps,* et de Toulouse), Ebelot (maire de Toulouse). Et té, voilà le docteur Garrigou! — et le docteur Estradère — et le docteur Azémar — et Broustet (Broustettt : chef d'orchestre) qui ce soir, au Casino, fera exécuter sa retraite, *les Pupilles de la Garde,* son triomphe auprès des toulousains. Le voilà, le casino, et le tour de valse, et les petits chevaux, et le bac et le petit cercle, et le célèbre Sicre qui partout organise « la partie ». Et Bernard Lafont, le vieux guide, en quête de montagnards pour aller « faire la traque », dans une chasse à l'isard. Et voilà Courrège (très grosse réputation de guide à Luchon).... Et la bataille des fleurs, la princesse Estradère, la belle Madame Rostand. Très amusant décidément, pour les initiés, par son arôme, ce livre de terroir, avec sa sincérité de luchonnisme et sa conviction toulousaine. Mais bientôt l'on ne comprendra plus....

Enfin, Luchon a pour le chanter, l'enthousiasme des poètes locaux (on pourrait remonter à César-Alexandre Chaudruc de Crazannes, avec sa *Lettre à ma sœur écrite*

de Bagnères-de-Luchon, prose et vers, à la suite du
Voyage de Sorèze à Auch, 1807) :

Paul Page, Le Poème de Luchon, Luchon, Sarthe, 1894,
brochure de 33 pages.

> Oh vivre ici sans haine et sans esprit morose.

Le cri de ceux qui ne montent pas :

> Plus haut ! Encor plus haut !....
> Allons vers les sommets....
> Perdons-nous dans la nuit des sapins !...
> L'inaccessible col (!) séjour des avalanches,
> Nos bâtons fatigués l'ont enfin rencontré....

La *Chanson des guides :*

> Au penchant des monts, au creux des abîmes
> Nous apparaissons droits sur nos chevaux.
> Nous nous en allons conquérir les cimes...
> Vers les pics neigeux, les blanches cascades
> Nous guidons l'élan de nos cavalcades.
> Nous sommes les guides joyeux ;
> Oh que nous aimons la vaste nature. ..

et un peu aller au café, eh ?

Et le cycle luchonniste continue : *Cascade d'Enfer, Val
d'Aran, Néthou.*

Néthou, il s'agit bien de lui ! L'attention de Luchon est
ailleurs ; sur un *dada* nouveau : le chemin à crémaillère de
l'Entécade, le *Righi français....* On en parle, mais il ne se
fait pas....

Et malgré tout, Luchon demeure un centre actif de
discussions de haut pyrénéisme — aux Quinconces, le matin
pendant la trop courte musique — avec son groupe de
pyrénéistes, les Trutat, les Fabre, les Gourdon, les Belloc,
les de Lassus, les Spont, etc.

APRÈS CENT ANS

(SUITE)

VIII

LES PROPOS DES QUINCONCES. — LA *REVUE DES PYRÉNÉES*.

Voulez-vous les entendre, les conversations pyrénéistes des Quinconces?

Prenez la *Revue des Pyrénées et de la France méridionale, organe de l'Association pyrénéenne et de l'Union des Sociétés savantes du Midi,* trimestrielle, fondée en 1889 par Julien Sacaze et le docteur Garrigou. Ce n'est pas une revue spécialement montagnarde et pyrénéiste: *Revue des Pyrénées* est ici façon élégante de dire *Revue Méridionale.* La montagne ne s'y montre qu'occasionnellement: mais encore va-t-elle fournir un contingent de mille pages.

Par le *Bulletin Sud-Ouest* nous avions la sténographie des discussions de Gavarnie, très techniques, robustes, âpres, spartiates (mais sans laconisme): le pic, le pic, le pic, et la comptabilité des chemins et refuges.

La *Revue des Pyrénées* nous phonographie les propos de Luchon — athéniens — moins tendus et plus étendus: écoutez, tâchez de saisir quelques mots au vol, tandis qu'aux Quinconces vous croisez les interlocuteurs... :

Le docteur Garrigou, hydrologiste de marque, ardent sur son sujet... *l'avenir des eaux minérales du Midi...,* si

abondantes, si puissantes, de si bel avenir ; mais il les
faudrait bien administrées, et sans l'aberration des villes
d'eaux en général et de Luchon en particulier, qui regardée
d'un œil d'envie par ses sœurs pyrénéennes, éblouie
par son triomphe, donne le signal des exigences et de la
rançon, cherchant à étouffer la population des malades sous
un flot de promeneurs, de curieux et de jouisseurs.... —
Mais à ceci, enthousiaste, optimiste, non moins ardent, le
docteur Estradère réplique par *le Righi français, Luchon-
Entécade....* La marotte du jour. Quand Luchon aura sa
crémaillère, on ne voudra plus aller dans les Alpes... —
Russell... *la première ascension du Cylindre et le pic du
Marboré, 1864...* doux souvenirs du passé !... — Martel :
*la région des Causses, les gorges du Tarn, Bramabiau,
Dargilan, Padirac....* Les gorges du Tarn, un des quatre
sites remarquables du monde, les trois autres étant les Alpes
dolomitiques, le cañon du Colorado, et le Sud du Mont-
Perdu. — Antoine Benoist... *un montagnard pyrénéen,
M. le comte Henry Russell...* excellent portrait.... —
Marcaillou d'Ayméric, pharmacien à Ax.... *excursion
botanique au lac Lanoux et au pic Carlitte... et excursion
botanique en Andorre* (en 1888).... — Levasseur, de l'Institut,... *les Pyrénées...* description rapide de la chaîne telle
que l'ont révélée les campagnes de la Pléiade, et qui plus
est, de la chaîne poussée plus loin que la Bidassoa et
comprenant les Pyrénées cantabriques, d'Irun au col
d'Orduña où passe la ligne Burgos-Bilbao, au col de
Lunada, et au col de Reinosa où passe la ligne ferrée de
Santander : montagnes de moins de 1500, boisées, d'accès
difficile, tombant brusquement à la mer, et flanquées, au
Sud, de sierras ; (et pourquoi Levasseur ne pousse-t-il pas
plus loin que le col de Reinosa, jusqu'aux Pyrénées
asturiennes ? C'est qu'elles sont mal connues, mais en ce
moment même quelqu'un — Saint-Saud — a l'idée de les

découvrir)... — ... *sanatoriums,* dit le docteur Garrigou ; *stations thermales et sanatoriums des Pyrénées, coup d'œil général :* autre dada les sanatoriums, les guérissoires ; conception médicale : les Pyrénées, un immense réceptacle de phtisiques... ; sanatoriums... — *sanitaria et Pyrénées* répond Russell ; pour ce bien portant les sanitaria sont des refuges pour gens sains, qui s'y réconfortent dans la bonne chère et le sommeil, entre deux grandes ascensions... — Belloc... *sondages faits au lac d'Oo,...* 67 mètres de profondeur maxima... — Labrouche... *Pyrénées connues et inconnues, entre les deux mers...* c'est le récit de la promenade en phaéton avec Bartoli, terminé par *De la Rhune au Canigou, itinéraire-type,* toute la chaîne en vingt-quatre jours ; par exemple : les grottes Bellevue, l'ascension du Vignemale et venir coucher à l'abri de Tuquerouye ; *journée pénible,* confesse Labrouche. Certes. — Eugène Lapierre, bibliothécaire de Toulouse... *bibliographie pyrénéenne...* liste des ouvrages spéciaux qui sont, en grand nombre, à la bibliothèque publique... — Henry de Gorsse, l'auteur dramatique... *une fête à Luchon en 1766...,* — et son père, E. de Gorsse, l'éminent forestier... *monographie du torrent de Laou d'Esbas...* curieux exposé-spécimen des travaux exécutés par l'administration des Forêts pour protéger Luchon en consolidant une montagne subitement rongée par un torrent improvisé.... — V*** de la section Sud-Ouest (Cénac ?)... *quatrième ascension de la muraille gauche du cirque de Gavarnie...* — Saint-Saud.... *Pyrénées centrales espagnoles, note sur les stations géodésiques de premier ordre...* et *contribution à la carte des Pyrénées espagnoles* (de ces deux documents de première valeur nous avons déjà parlé)....

Ici sur les Quinconces passe Gourdon... *douze jours en Aragon* (ceci sera pour le *Bulletin Ramond* de 1891, c'est un intéressant post-scriptum à l'exploration des Sierras ; de nouveau le tour du Turbon, « pour rectifier la carte de Schrader » : de Luchon, en montant la *Serra de Chia* — vue intéressante — passant à Barbaruens, Morillo-de-Llena, à travers barrancos sur barrancos venant chercher Pobla-de-Roda sur l'Isaveña, remontant le cours de l'Isaveña, par Villacarli, Ballabriga, Alins, retour par Castejon de Sos).

Revenons à la *Revue des Pyrénées :* — Antoine Benoist... *la fête de Sahun...* : invité par le fils de Cabellud il y a entendu une messe avec accompagnement de violon, guitare, mandoline et ophicléide ; il a pris part à la cérémonie de l'agape fraternelle par la brioche et par la gorgée de vin d'honneur que les organisateurs de la fête boivent au même verre, il a assisté aux danses, et formé le projet de poursuivre le lendemain sur Gistain et de rentrer par le port de Plan ; mais la généreuse hospitalité nocturne de Paco Cabellud est si copieusement assaisonnée de *chinchas* que, aux trois quarts dévoré, le touriste, après une nuit sans sommeil, change d'itinéraire, vient coucher la nuit suivante aux bains de Vénasque et rentre par le lac de Litayrolles, le Perdighère et le lac d'Oo ; avec un espagnol en espadrilles et avec un bâton non ferré, d'où une demi-heure pour franchir très désagréablement quarante mètres de glace... — Russell... *ma vingtième ascension au Vignemale...* *chute de Haurine* (dans le barranco)... *ma sixième grotte...* *l'automne sur les montagnes...* — E. de Gorsse... *quelques notes sur les forêts des Pyrénées* (article révélateur)....

Puis voici que dans un groupe, on s'entretient d'un livre bien original :

Voyages aux Pyrénées. Souvenirs du Midi par un homme du Nord, Victor Dujardin, chevalier de la Légion d'honneur. Le Roussillon. Céret, Lamiot, 1891, in-12 de 571 pages serrées. Curieux livre. Tout à fait la

manière de Chausenque (en meilleur français), d'un homme
qui sait « des tas de choses ». Digressions sur digressions.
Recette aussi compliquée que celle de la thériaque. *De
omni re scibili.* On connaît le jeu des queues de mots : ici,
les queues d'idées, se greffant l'une sur l'autre de la façon
la plus imprévue : Collioure, course de taureaux, pêche à
l'anchois, la femme gauloise, Augustin Thierry, tempête,
Érigène-Scot, vers de Richepin, Banyuls, les églises au ix⁰
et au xi⁰ siècles, vers de Leconte de Lisle, panorama de la
tour de Madeloch, le détraquement des cervelles à travers
les siècles, Argelès-sur-Mer, Elne, archéologie, histoire,
guerre, le Tech, vers de Victor Hugo et de Grandmougin,
la Convention, anathème à l'ancien régime, revue rapide de
l'histoire du second Empire, Latour-d'Auvergne, Céret,
vers de Ronsard, l'enseignement primaire, la flore du Midi,
le droit du seigneur, Amélie-les-Bains, la cavalcade du
10 mars 1889, botanique roussillonnaise, faune, Prats-de-
Mollo, le Midi au Moyen-Age, Saint-Laurent de Cerdans,
cours de géologie générale, les Trabucayres, la Têt, l'action
de la kola, le Canigou, le berger des Pyrénées, le retour
du printemps, vers de poètes variés, la tyrolienne des
Pyrénées, Mont-Louis, le brave Dagobert (le général, celui
qui n'a mis à l'envers que les ennemis), vers de Joséphin
Soulary, le christianisme, les pèlerinages, histoire de la
danse, la farandole, les tsiganes, le beau Danube bleu, le
Capcir, l'isard, Llivia, les Escaldes, l'Andorre, la tour
Eiffel, etc., etc., etc. (ceci est à peine un aperçu). — Et au
total, pas ennuyeux : l'ossature du livre (c'est-à-dire, le
Roussillon) excellente. Comme homme du Nord, l'auteur
est très vivement saisi par la nature du Midi. Du vrai Midi
méditerranéen. Il la sent avec admiration.

Autre sujet d'appréciation :
Andorra, Souvenir d'un touriste, résumé d'excursions

de 1882 à 1891, par Pierre Vidal, bibliothécaire de Perpignan (trois articles du *Bulletin Ramond* de 1892). Ceci c'est une monographie : terminale, si jamais on pouvait en terminer avec l'Andorre ! itinéraires, montagnes, hydrographie, et, bien entendu, toute la partie mœurs, coutumes, administration, gouvernement, histoire....

Autre sujet de conversation. Emile Cartailhac, le naturaliste bien connu par sa spécialité de l'homme préhistorique, soutient vivement la nécessité de faire connaître le pyrénéisme rétrospectif.

Et en effet, en 1892, le rétrospectif se met à sourdre de toutes parts, sans ordre encore et sans liaison, mais enfin le rétrospectif est dans l'air.

La *Revue des Pyrénées* donne coup sur coup *Toulouse, Luchon et les Pyrénées en 1787*, extrait du voyage en France d'Arthur d'Young, et des morceaux choisis : *Au pied du Canigou*, extrait de Thiers, *Bergers et troupeaux dans l'Ariège*, extrait de Léonce de Lavergne, *Bagnères-de-Bigorre*, extrait de Cuvillier-Fleury, *le Panorama des Pyrénées à Pau*, extrait de Nisard, et le *Gavarnie* d'Hugo, — en même temps, les *Campagnes des Pyrénées*, 1793-1795, du général de Pelleport, — et Tamisey de Larroque apporte un lot de *Lettres inédites de Ramond* (peu de renseignements sur les Pyrénées, — mais intéressantes au point de vue du caractère de Ramond, qui a su conserver des amitiés très fidèles).

Dans le *Bulletin Ramond*, les *Botanistes pyrénéens* de Pée-Laby, chef des travaux botaniques à la faculté des sciences de Toulouse : il y a là un *Ramond botaniste* et un *Lapeyrouse* de premier intérêt.... Bien singulier ce monde du vieux pyrénéisme botanique, des Lapeyrouse, des Gouan, des Pourret, des Ramond, des de Candolle. Monde enragé parfois....

IX

QUESTIONS ANCIENNES, RÉPONSES MODERNES.
GÉOLOGIE.

Autre sujet, et grave. La grande, ou plutôt les deux grandes questions : comment les Pyrénées se sont faites, jusqu'à quel point elles se sont défaites. Géologie, météorologie, les glaciers.

Trutat, Regnault, Fabre, Cartailhac, en causent.

Précisément, Henri Passet arrivant de Gavarnie traverse les Quinconces. — On l'interroge : il va (1891) piqueter les glaciers luchonnais, pour le compte du prince Roland Bonaparte qui veut entreprendre une observation réglée des variations des glaciers français, Alpes et Pyrénées.... (On n'est jamais le premier. Sans parler des piquetages récents des glaciers de la Maladetta, se rappeler le « jalonnement » de la Mer de Glace de Chamounix, affiché en 1772 sur l'indication du résident français à Genève, Pierre-Michel Hennin — le père du Hennin de la célèbre collection d'estampes.)

Propos géologiques :

Notes géologiques sur la région du Mont-Perdu, par Emm. de Margerie *(Annuaire* du Club Alpin de 1886), curieuse étude sur les formes, les plissements de cette région si originale et passionnante, et curieux dessins des cañons d'Arrasas et de Niscle, par Schrader....

Aperçu de la structure géologique des Pyrénées, par de Margerie et Schrader (beau mémoire : soixante pages, avec carte géologique au 800.000ᵉ. *Annuaire* de 1891. Rendons cette justice à l'*Annuaire,* qu'il est toujours

fortement rédigé, et rigoureusement fermé au pyrénéisme
de rabâchage : il n'y a plus de récits d'explorations, eh bien !
on y fait de la science).

En 1892 : *Aperçu de la forme et du relief des Pyrénées,*
par Schrader et de Margerie (*Annuaire*). Et la forme et le
relief de ces vingt pages, superbes ! Abaissements, effondrements, pressions latérales et horizontales, plissements,
plis anticlinaux et synclinaux, en relief et en creux, puis
dénudations et érosions !...

Autre chose :

*Les Pyrénées, développement de la connaissance géogra-
phique de la chaîne,* par Camena d'Almeida, maître de
conférences de géographie à la Faculté de Caen. Paris,
Armand Colin, in-8 de 328 pages : ceci est une thèse de
doctorat, faite sur documents et à laquelle manque la couleur
locale, l'arome, le pyrénéisme, bref la connaissance des
Pyrénées *de visu.* Schrader, Cartailhac, l'ont critiquée.
Mais il y a à prendre. D'abord les idées, les rêveries et les
billevesées des préhistoriques : *les Pyrénées chez les
géographes de l'antiquité, — chez les géographes Arabes,
— chez les Scolastiques, — chez les géographes de la
Renaissance;* — puis au XVIIIe siècle les données sérieuses :
la carte de Roussel, le mémoire du maréchal de Noailles,
les théories de Buffon, les débuts de l'exploration scientifique avec Monge et d'Arcet. Enfin — avant d'arriver aux
immenses services rendus à la cartographie par les travaux,
ou simplement par les ascensions de la Pléiade pyrénéiste —
» l'histoire des variations » de la géologie : les neptuniens,
Palassou, Ramond, Charpentier ; les plutoniens, Dufrénoy,
Elie de Beaumont, Leymerie ; puis les effondreurs, et à leur
tête, le jeune et brillant géologue toulousain Magnan, mort
tragiquement, laissant un mémoire posthume, *Matériaux
pour servir à une étude stratigraphique des Pyrénées et*

des Corbières, où il se fait avec éclat l'homme du système des fractures, des failles provoquées par les effondrements de l'écorce terrestre.

Et voici que maintenant tout s'est passé « à froid », et très en douceur, jamais il n'y eut sur la Terre que des fractures, contorsions, bouleversement de tout repos, qui n'ont jamais fait du mal à une mouche (les morts de Krakatoa et de la Martinique ne sont pas de cet avis)....

Tout de même, les poètes regretteront le système des soulèvements : il avait de l'allure, il avait « de la branche ». Dès que vous entriez dans la montagne, les premiers monticules vous émouvaient : la houle précédant la grande tempête. Les premiers « hérissements ». Aujourd'hui ce ne sont plus que des derniers résidus....

Mais — a remarqué Javelle dans une belle page — les généralisations géologiques ne sont pas affaire de preuves ; elles sont affaire de tempéraments nationaux. Aux calmes esprits du Nord à la pensée lente, à l'imagination confuse, le calme et long déroulement des choses, le ruisseau ruinant la montagne, les polypes construisant un continent. Aux méridionaux à sang vif, à l'imagination claire et rapide, les coups de théâtre, les révolutions, les violences désordonnées, les cataclysmes, les flores et les faunes subitement anéanties, puis renouvelées ; aux Italiens, aux Français il faut du mouvent, du bruit, *surtout du feu.* Il en conclut : de ces deux esprits, lequel a raison ? Peut-être un troisième, celui qui saura les concilier....

Géologie, science capricieuse et changeante ! *L'histoire des doctrines géologiques,* disent de Margerie et Schrader, *n'est guère que le tableau des réactions successives entre des théories contraires ;* après le neptunisme universel, un plutonisme à outrance, et après le plutonisme, le « tout à froid », on ne veut plus que l'ophite elle-même soit éruptive ; et après la réaction contre les complications du réseau d'Elie de Beaumont, la réaction immédiate contre Magnan lui-même et son système de vingt-deux failles pyrénéennes : « *ce réseau ne résiste pas à l'examen, la plupart des mailles qui le constituent sont de faux alignements....* » !

Jadis Palassou définissait les grands traits de la structure des Pyrénées : *alternance de bandes calcaires, et argileuses, et de masses de granit ; — ces bandes, en direction de l'O. N. O. à l'E. S. E.*, c'est-à-dire, *dans la même direction que les Pyrénées elles-mêmes* (point capital) ; — *leur plongement, de trente degrés environ.*

Cent dix ans après, de Margerie et Schrader commencent ainsi : *Nous ne sommes guère plus avancés que Palassou. Les géologues ne paraissent même pas d'accord sur un point fondamental qui semblerait cependant facile à établir : la direction vraie des éléments de la chaîne !*

Les hommes de soulèvement voyaient les couches plonger vers la plaine ; les hommes d'effondrement voient les mêmes couches plonger vers la ligne de faîte !

Géologie, fol qui s'y fie.

X

PYRÉNÉISME PRÉHISTORIQUE : PALASSOU.

Ce Palassou qui vient d'être nommé, c'est le moment de le connaître. Les préhistoriques il faut les prendre à la fin : l'intéressant est de les voir opérer sur des champs d'action rendus classiques par ceux qui sont venus après eux.

L'abbé Palassou, né à Oloron en 1745, précepteur du duc de Guiche, naturaliste pyrénéen, botaniste, minéralogiste, ayant inventé et baptisé l'ophite — la roche éruptive à couleur

de serpent — venu à Paris, lié avec Lavoisier, reçoit du
ministre Bertin la mission officielle de collaborer pour les
Pyrénées à la carte minéralogique de France. Il se met à
l'œuvre, parcourt les Pyrénées de bout en bout, de Bayonne
à Perpignan — visitant les exploitations de mines — toujours
notant en lithologiste l'apparition d'un des trois éléments,
calcaire, schiste, granit — et par intuition de géologue,
relevant la direction des couches et leur plongement, et
dégageant la formule qui l'a rendu célèbre et que nous
rapportions plus haut. De là, un livre essentiel :

Essai sur la minéralogie des Monts Pyrénées, Paris,
Didot, 1784, in-4 de 330 pages.

Et à voir ce vaste rapport, dans sa noble typographie de
Didot, et les Pyrénées rigoureusement ordonnées, vallée
par vallée, village par village, et les observations générales
ou pittoresques suivant chaque description minéralogique,
et ses renseignements divers, sur les eaux minérales, etc.,
et ses cartes, et ses planches gravées, on est tenté de s'écrier :
mais c'est un Joanne ! un Joanne complet, et bien autrement
Joanne que ne sera cinquante ans après le premier Richard !
Les Pyrénées d'une mer à l'autre ! Mais voilà ce que Ramond
aurait dû connaître !
Pourquoi donc Palassou n'est-il pas Ramond ? Son travail
aurait-il un vice caché ?
Pour répondre, prenons Palassou comme nous avons pris
Ramond : laissons le naturaliste aux savants, et cherchons
le pyrénéiste : suivons-le dans sa marche.

Remarque générale : la moitié occidentale de la chaîne,
où l'auteur est à pied d'œuvre, traitée trois fois plus en
détail que la moitié orientale, qui, visiblement, a été
parcourue au galop.

Dans le Béarn, Palassou est à l'aise, il est chez lui, les montagnes sont basses et faciles ; Oloron, Biarritz et ses falaises, les mines de Baïgorry n'ont pas de secret pour lui, ni la Soule, ni Barétous.

La vallée d'Aspe, naturellement, est traitée avec dilection. C'est la description type ; tous ses beaux villages énumérés ; et toujours : calcaire, argile, calcaire, argile ; — le Somport franchi, *les montagnes, de Canfranc à Villanua, sont stériles, les rochers s'y montrent nus et arides, escarpés et saillants au Nord, avec des bancs de marbre horizontaux* (vous reconnaissez ici la Collarada). Passant à Castielhou (Castello) il semble que Palassou soit descendu à Jaca.

La vallée d'Ossau, également traitée en grand détail, Palassou croit calcaire le sommet sourcilleux du pic du Midi ; — « malgré l'horreur de ces déserts sauvages » il passe le col d'Anéou, et descendant à Sallent, Pueyo et Castille (Tramacastilla), va jusqu'à Viescas. *Au Sud de Castille et Pueyo s'élève une chaîne considérable de hautes montagnes composée de bancs de marbre gris; elles forment la suite des pierres à chaux qui se trouvent dans le val de Canfranc, de même espèce et de même direction.* Et encore : *le village de Pueyo est ombragé du côté du Sud par une chaîne de montagnes d'une hauteur prodigieuse, composée de bancs de marbre, entièrement arides sur le versant septentrional et, ce semble, inaccessibles* (Wallon ! c'est à vous que cette Partagua s'adresse). En somme, ce morceau du val de Thène, très intéressant.

Dans la vallée d'Azun, il va au lac de Suyen, il sait qu'au Nord du « lac d'Arrieugrand » est une montagne nommée *Migoela ;* on lui assure qu'il y a de la pierre à chaux entre les lacs de Remoulains et le quartier de Cujelapalas. — *Le voyageur curieux de connaître la structure des Pyrénées doit pénétrer jusqu'au fond de la vallée d'Azun,* dit Palassou : c'est le : *course très recommandée,* de Joanne.

Arrivant à Cauterets *l'herbe fleurie, l'or des moissons cessent de flatter la vue,* et les bains de la Raillère sont *à l'entrée d'affreux déserts, où les montagnes ne présentent que des roches stériles et des forêts de noirs sapins, repaires des lynx et des ours....*

De la Raillère jusqu'aux environs du lac de Gaube, les montagnes sont composées de granit. Combien vague ce texte ! Et c'est tout ! Nous commençons à ouvrir l'œil sur Palassou : il n'a point la poésie de la désolation, passe encore ; mais scientifiquement nous le soupçonnons bien incurieux de la géologie de la haute montagne....

Le voici dans la vallée du Gave de Pau : la route dans le défilé de Pierrefitte lui plaît fort : *la nature, qui semblait avoir voulu dérober à l'humanité l'usage des eaux salutaires, a été forcée de se prêter aux vues bienfaisantes du Gouvernement ;* Palassou aime les routes.... — *Les environs de Gèdre offrent des blocs de granit énormes, confusément entassés* (comme description du chaos, c'est bien faible !) ; puis voici *les tours du Marboré, qui se perdent dans les nues et ne sont accessibles qu'aux frimas... elles sont condamnées à la plus affreuse stérilité, l'œil y cherche en vain de verts gazons... le sapin refuse d'ombrager des lieux aussi sauvages ; plusieurs torrents, du haut de ces montagnes, tombent en cascades d'environ trois cents pieds* (cent mètres la cascade de Gavarnie ! Palassou apprendra plus tard avec étonnement qu'elle en a plus du quadruple) ; *on ne peut considérer sans effroi ces tours chenues du Marboré situées à la source du Gave Béarnais, elles semblent présenter à l'imagination même la plus froide la demeure sacrée du Dieu qui verse les eaux salubres de cette rivière.* (Très au-dessous de Berlin, notre célèbre géologue !)

Ici une pointe dans la vallée d'Ossoue — au fond de laquelle est le Vignemale, composé de pierre à chaux. — Il ne va pas loin : *mais quittons ces lieux déserts et sauvages qui ne retentissent jamais du chant des oiseaux, où l'on n'entend jamais que le cri sinistre de la corneille,* et il revient à Gavarnie (avec Flamichon, juillet 1780).

L'ordre et la direction des bancs observés, il part, quittant *ces hautes montagnes de Gavarnie, dont l'aspect repousse le voyageur* (oh !) et brûlant Estaubé et Troumouse (mais il manque de Piméné, Palassou !) il nous mène à Barèges, et, par de vastes déserts, vers le pic du Midi ; passant sous la montagne du Tourmalet : *ne laissons pas ignorer au lecteur qui a le courage de nous suivre à travers ces tristes lieux,* dit-il, *qu'elle est composée de schiste gris ;* enfin, côtoyant un *précipice effroyable,* le voici, le naturaliste, au sommet du pic : *de cette montagne chauve l'observateur aperçoit Tarbes, Barèges et St-Gaudens à ses pieds, il reconnaît le berceau de Henri IV ; il voit dans les domaines de ce grand Roi les plaines se confondre avec les collines et s'étendre à l'infini ; sa vue se portant ensuite vers les Pyrénées elle parcourt une surface immense creusée de profondes cavités et hérissée de monts sourcilleux ; cette grande chaîne pierreuse n'offre point de bornes à l'œil qui, toujours attiré sans être jamais fixé, se perd dans d'horribles solitudes.* (! !)

Nous commençons à comprendre Palassou. Cet homme de trente-cinq ans écrit comme un géronte. Et nous tenons ce qui manque à son volume d'un si bel aspect extérieur. Il manque les Pyrénées, tout simplement, il manque la montagne. Il manque le pic. Palassou a pour le pic une invincible répulsion ; une orophobie carabinée. Et, par opposition aux hommes de la fin du xixe siècle, si entraînés à voir et sentir vite, il représente une génération de gens « magnifiquement entraînés à ne rien voir ». Il vient de Gavarnie et il descend du pic du Midi : il n'a rien vu ; il n'est curieux de rien, il ignore le Mont-Perdu, et le Néouvielle, et tout ; il n'a rien vu, le géologue ! Allons ! il peut venir, le jeune homme qui en ce moment, à Strasbourg, ajoute les observations au livre de Coxe et écrit la page sur l'impression des sommets....

Palassou nous mène au lac d'Escoubous, pour s'en débarrasser : *c'est avec une espèce de satisfaction que je termine la description minéralogique des montagnes qui environnent le lac d'Escoubous, elles n'offrent de toutes parts que des faces sèches et arides, les rochers de la Thébaïde ne forment pas un plus triste aspect.* Allons ! Dusaulx lui-même peut venir !

A Bagnères, dans la vallée de Campan, tout va facilement. Puis Palassou passe cette hourquette d'Arreau destinée à la prestigieuse page de Ramond : il descend dans la vallée d'Aure, la parcourt jusqu'au fond, passe le port de Bielsa, « d'où la vue découvre les montagnes les plus affreuses », pour aller vers Bielsa voir une mine. Dans la vallée de Louron, il visite la mine de plomb du pic de Fourcade (Hourgade) et, dans des montagnes « d'une hauteur prodigieuse » le fameux percement du port de la Pez, « commencé il y a sept ou huit ans, pour faire passer en France des mâts tirés d'Espagne ». C'est aussi ce qu'en dira Ramond.

[Aujourd'hui, mieux renseignés, nous disons autre chose : nous disons *tunnel pour la route — pour « le trans-pyrénéen » — de Saint-Gaudens à Saragosse par le port de la Pez*, projet approuvé en conseil d'État le 12 février 1764. Et de qui ce projet ? Oh ! quand il s'agit d'une belle route et d'une grande œuvre dans ces pays, ne cherchez pas, le nom vient naturellement : d'Etigny ! Pour masquer son projet et endormir le gouvernement espagnol, il avait prescrit aux entrepreneurs d'avoir une exploitation de forêts en Aragon. Les français eux-mêmes y furent pris et ne devinèrent pas qu'il s'agissait d'une grande route internationale.

Récemment (1896) l'abbé Marsan, curé de Soulan, a retrouvé, et donné au *Bulletin Ramond,* sous le titre *les Précurseurs du Transpyrénéen,* les documents, les devis, états de frais. Le tunnel devait avoir cent mètres, sur sept pieds et demi de haut et de large, on comptait faire quatre toises par mois. Le travail attaqué en 1771 par deux entrepreneurs, Joseph Lasserre, de Paris, et Georges Théveny, de Narbonne, fut poussé à quatre-vingts mètres ; des infiltrations d'eau considérables le firent abandonner. Puis d'Etigny n'était plus là.

Mais il vint Napoléon, en 1808, qui décida la route Toulouse-Saragosse par le port d'Ourdisset. La route fut aussitôt faite, superbe, jusqu'à Tramesaygues. Mais pas le passage du port : Napoléon n'était plus là.]

Mais Palassou arrive dans la région de Luchon. Il a l'air d'en être très ennuyé. *Là, le naturaliste doit redoubler de courage : il faut toute l'ardeur que l'amour de la minéralogie est capable d'inspirer, pour pénétrer dans une contrée qu'environnent des montagnes stériles et dont les flancs sont creusés en précipices.* Les botanistes, encore, s'amusent, ils se plaisent à contempler des fleurs. Mais les minéralogistes, eux, sont *toujours environnés d'objets qui, par leur aspect affreux, sont capables de porter dans leur âme la tristesse et le découragement.* C'est dans ces dispositions qu'il va au lac de Culego (lac d'Oo) sur lequel il ne trouve rien à dire, sinon qu'au delà *les sommets des montagnes continuent à s'éloigner des vallées pour se perdre vers les nues,* et que le sentier qui mène en Espagne n'étant praticable qu'aux gens de pied, on est forcé *(sic)* de s'arrêter au lac de Culego. Ce qui donne à penser que le bon Palassou n'opère qu'à cheval. Et en effet, jamais vous ne le verrez, bien que redoublant de courage, en dehors des grands chemins. C'est son trait caractéristique et définitif.

Il n'omet point les stèles votives de Luchon, mais il omet la vallée du Lys, et ne monte point au port de Vénasque (!): il s'arrête à l'hospice, et se contente de noter que le torrent qui vient du port et de ses monts sourcilleux ne roule pas de granit ; c'est tout. De même pour le port de Viella. Palassou ne serait point allé dans le val d'Aran, ni à Luchon, que ses récits pourraient être les mêmes, faits avec des notes communiquées. Donc il n'a pas vu la Maladetta ; aussi la place-t-il, de façon gauche et embarrassée, au fond d'une observation sur son chapitre du val d'Aran : *les montagnes du pays d'Aran s'élèvent insensiblement depuis Saint-Béat jusqu'aux sources de la Garonne... une des plus hautes montagnes est la Maladetta, qu'on dit inaccessible, elle est toujours couronnée de neiges: ces masses énormes ne présentent guère, dans leur grande élévation, que des roches arides ; mais de vastes forêts de hêtres et de sapins couvrent la surface des lieux inférieurs, on en tire continuellement des bois de construction que la Garonne porte en divers endroits....*

Assez ! Palassou a trouvé le moyen d'escamoter les Monts-Maudits.... Escamotons-le : ne prenons plus la peine de le suivre dans la chaîne orientale, dans sa rapide course à Perpignan — par le port de Paillers qu'il laisse à Chausenque le soin d'inventer —....

Résumé : Palassou a eu toutes les Pyrénées dans les mains comme personne ; il les a laissées aux autres !

Vingt ans après, juillet 1801, ce brave homme, le futur « Nestor des minéralogistes pyrénéens », faisait connaissance avec « la difficulté » ; explorant le pied du pic d'Ossau, pour étude géologique, et ayant atteint la crête herbeuse et fleurie du col de Suzou, lorsqu'il fallut descendre — bien que « n'étant entouré d'aucun précipice » — il trouva l'herbe glissante ; alors il joua la précaution car, *dès le moment où le corps a reçu la moindre impulsion par une marche accélérée, il ne dépend plus de soi de s'arrêter au point que l'on désire....* Ce fut son couloir de Gaube.

Et voilà pourquoi il fallait que Ramond vînt.

APRÈS CENT ANS
(SUITE)

XI

VIEUX PAYS, COURSES NOUVELLES.
LE DOIGT DE LA FAUSSE BRÈCHE. — CRABOUNOUSE.
ARRIOUGRAND. — TURON DE NÉOUVIELLE.

Propos de Gavarnie.

Suite du pyrénéisme alpiniste. A prendre chez cette génération sportive qui pratique sur la montagne des « manœuvres de force ».

Plus de Bazillac: éloigné des Pyrénées il lui faut désormais renoncer à réaliser son singulier désir, *de s'y casser la tête avec honneur !*

Mais Brulle toujours ardent, emportant les pics à la hussarde, avec de Monts, et continuant à noter ses exploits *(Bulletin Sud-Ouest)* avec une concision de soldat, qui n'exclut pas l'humour satisfait du virtuose fier de sa force. *Vieux pays, courses nouvelles*, le titre encore une fois est charmant. Et quelquefois les pics sont inédits.

Petit Vignemale par le Nord. — Juin 1890. De Monts ayant réalisé la descente directe — difficile — du Petit

Vignemale sur le glacier d'Ossoue, l'envie saisit Brulle de se reprocurer quelques-unes des « émotions vibrantes » de l'an passé au couloir de Gaube....

« Vibrantes » est agréablement dit ! Et sont-elles si désirables, ces émotions ? La vérité vraie c'est que, à partir du moment où Célestin avait dit : *je ne peux plus monter*, et où Salles avait répondu : *je ne peux pas descendre*, ç'avait été le désespoir pur et simple ; dans le couloir il y avait eu des pleurs et des grincements de dents. Et quand les téméraires étaient ressortis à la lumière et à la vie, ils s'étaient jetés dans les bras les uns des autres, fous, comme des ressuscités !...

Enfin, va pour vibrantes et pour couloir de Gaube. C'est tout trouvé : faire le pendant de ce couloir et du Grand Vignemale, — avec de Monts, Célestin et Salles monter au Petit Vignemale, mais ceci par le Nord, par le glacier si fendillé. Dès le premier feuillet, difficulté inouïes, des précautions excessives et *tous les raffinements de l'art*. Célestin l'escalade verticalement, à chaque coup de piolet, tout tremble et menace de s'écrouler : angoisse, et, à l'unanimité, retraite, et rude ascension par le rocher à gauche. On constate qu'on est heureux d'avoir échoué sur le glacier : plus haut on eût été arrété par une crevasse infranchissable. A cette pensée le souvenir de la terrible lutte au sommet du couloir de Gaube donne le frisson. Sommet, et par la crête occidentale — c'est-à-dire par la crête que suivit Chausenque, et par son point de dépression qu'il appelait *le col* — descente sur le glacier d'Ossoue. *Itinéraire rempli d'agrément pour les amateurs d'équilibre. C'est court, mais comme crête de rocher je ne crois pas avoir rencontré mieux*. Retour par le pic de Montferrat, — la longue arête « assez aiguë » et le pic de Tapou.

(Ici en août 1890, le Soum de Ramond et le Mont-Perdu, le matin de l'inauguration du refuge de Tuquerouye.)

Le Doigt de la Fausse-Brèche. Oui, Brulle fait à cette exostose l'honneur de se mesurer avec ses vingt mètres, d'ailleurs surplombants. Célestin l'enlève « avec autant d'élégance que d'aplomb » *(dans un grand style,* comme on dit aux courses). Les ascensionnistes suivent, à la corde. Salles, insensible à la gloire, est resté en bas à dormir. Célestin « encore plus étonnant à la descente ». Cette ascension divertit très fort Russell, qui parlant de Brulle répète de son air malicieux: *Il a monté le doigt de la Fausse-Brèche! Il a monté le doigt de la Fausse-Brèche!* De Monts aussi, d'ailleurs, l'a monté avec Brulle. — Et tout le monde attend Brulle à un autre obélisque redoutable (pas plus que celui de Louqsor, lequel n'a jamais été « fait »): le *Capéran de Sesques*. Les guides d'Ossau, désormais, ne montrent plus ledit Capéran sans ajouter: *Il y a un monsieur à Gavarnie qui doit le monter !* Le monsieur, c'est Brulle. Montera-t-il le Capéran?

Crabounouse, cette belle crête de 3000 — à l'Ouest du Pic Long — sauvage et alpestre, peu nommée jusqu'ici dans le pyrénéisme (par la carte d'État-Major et par Russell dans sa course Rabiet-Bugarret de 1868). A prendre par les granges de Cambieil; au sommet, escarpements très raides, présentant cinq pointes dominantes que de Monts et Brulle escaladent, c'est *le pic de Bugarret 3030* de l'État-Major: aucune trace d'ascension précédente; le pic Long, demi-caché et grandi par la brume domine de façon écrasante; à côté de lui le Badet se dessine en aiguilles hardies. Alors, une brèche franchie, c'est *le Pic Long par l'arête Ouest:* « *ascension des plus amusantes, très variée, tourmentée, gendarmes, obstacles de toutes sortes, quelquefois très curieux. La muraille du versant Nord — sur le lac Tourrat — d'une seule venue, est quelque chose de fantastique.* » Descente comme Lacotte-Minard, droit dans le vallon d'Estibère-Male (Mauvaise-Estibère), et pris par le brouillard. *Il n'y a, paraît-il, qu'un seul passage; naturellement ce fut par un autre que nous descendîmes....*

Autre virtuose: Vincent Cénac, d'Argelès; enlève en 1890 *(Bulletin Sud-Ouest)*:

Avec Salles-Bernat et J. M. Bordenave, *le Pallas par l'arête Nord* (à cheval sur Artouste et Arribit);

Avec Labrouche et J. M. Bordenave (après inauguration de la cabane de Pé de May), *le Cambalès par le Nord-Est,* un passage émouvant;

Avec Byasson, Loret et J. M. Bordenave, l'*Arriougrand occidental* (Courouaou), haut Azun, 2700 mètres seulement, mais vertigineux et difficile, et un panorama étendu et grandiose sur la désolation d'Arribit et Batcrabère, et un amoncellement de pics du côté Pallas, Balaïtous, Cambalès, Fache, Vignemale. Descente assez délicate, sur Miguelou.

Des pics ingravis, j'en sais encore que je garde pour l'année prochaine, terminait Brulle en 1890.

Nous y voici: 1891: la série de ces pics « inédits » commence singulièrement:

Le Turon de Néouvielle (que Brulle appelle *Turon méridional, 3056). « C'est bien un pic distinct et d'autant plus digne d'une visite qu'on n'a jamais entendu dire qu'il ait été gravi. »* Brulle, de Monts et Célestin prennent de Gavarnie par le Brada, la droite du lac de Rabiet, et marchent à la conquête du Turon. « *Je dois dire qu'elle fut facile. Rien n'indiquait une précédente ascension. »* (Or, selon toute apparence, il y a cent quatre ans que le Turon est fait!) — De là *le petit Turon* (qui n'est ni petit ni Turon, car il a ses 3056, et se nomme *pic des Trois Conseillers,* du conseil qu'y tinrent trois chasseurs d'isards) mais celui-ci a été gravi et porte pyramide! — De là *le Néouvielle par l'Ouest,* rude arête. Très dur, on est au moment de renoncer;

enfin « *tous nos talents mis à contribution et grâce à
l'agilité de Célestin* » on arrive en haut « *avec la satisfaction
d'avoir fait un travail honorable* ». — De là, à l'Est, la
belle pyramide rocheuse, le 3000 que les chasseurs appellent
pic de Ramougne. Attaque vigoureuse « intéressante ».
Mais au sommet « la vue d'une bouteille refroidit notre
enthousiasme » (bouteille de l'ingénieur Michelier). Retour
par la brèche de Chausenque.

[Sur le Turon encore, en 1891, une caravane allant *des
Eaux-Bonnes à Luchon* par la montagne. Récit de
Méaudre-Lapouyade *(Bulletin Sud-Ouest)*. Intéressant, bien
que froid sur l'Espagne : un spécimen des raids pédestres
que font couramment à présent les touristes pyrénéens et
pyrénéennes ; car les femmes sont vigoureusement entraînées.
Ici Mme Tilloy-Maletta et Mlle W. Gaden font : le 13 août, des
Eaux-Bonnes à Cauterets par le col de Caucestre ; le 16,
Cauterets-Barèges par le col de Riou ; le 17, Barèges-lac
d'Orédon ; le 18, le Néouvielle ; le Turon, sans le vouloir,
dans la brume (une éclaircie laisse entrevoir le Néthou qui
semble avoir dix mille mètres), et descente à Luz ; le 19,
à Héas ; le 20, le Pic Long (la hourquette Badet, magnifique) ;
le 22, la Munia, descente à Bielsa ; 23 août, en une seule
étape, inusitée, de Bielsa à Plan et Vénasque ; le 24, à la
Rencluse, le 25, au Néthou et à Luchon !]

XII

PARENTHÈSE. — LE TURON RÉTROSPECTIF.
REBOUL.

Qui donc précéda au Turon Brulle et de Monts ?
Ceci, point propos pour Gavarnie, mais pour Luchon.

Oh ! Brulle n'a pas à rougir de ses prédécesseurs au Turon.

Au contraire ! Ici il vient former chaînon avec le très grand pyrénéisme ancien, avec Reboul et Vidal (on n'ose ajouter à coup sûr Ramond).

Reboul, grand pyrénéiste. Tout ce qu'il faut pour être lui-même un Ramond. Jugez-en.

· Né en 1763, à Pézénas, il est étudiant en droit à Toulouse. Le droit ne l'intéresse pas, il n'aime que la science. A vingt-et-un ans il est de l'Académie des Sciences de Toulouse. A vingt-trois il forme, avec l'astronome toulousain Vidal, un projet grandiose. « *Les Pyrénées alors*, dit-il, *n'étaient connues que des botanistes* ». Il s'agit de les leur enlever pour les donner aux géomètres, d'en mesurer la hauteur. Dès 1786 ils sont au pic d'Anie.

Aiguillonnés par un précédent fameux (il y a treize ans, en 1774, Monge et Darcet se trouvant à Barèges ont mesuré un pic — lui ont pris mesure serait mieux dire, comme ferait un tailleur appliquant la toise sur le corps : avec une règle de dix toises, à coups de niveau, et contrôle barométrique, du sommet de l'Ayré descendant de dix toises en dix toises, en cinq jours, au socle de l'église de Luz ; — Flamichon vient aussi d'estimer la hauteur des pics d'Anie, d'Ossau, du Gabizos, du Pic du Midi) Reboul et Vidal conçoivent une opération gigantesque. Du château de Bonrepos près Toulouse, ils se donnent le choix entre le nivellement du Canigou ou celui du Pic du Midi, desquels ils savent d'ailleurs la non-prééminence, et optent pour le Pic du Midi. Ils ont un point de départ certain, la hauteur du canal à Toulouse, exactement connue. Par observations barométriques simultanées, ils en concluent la hauteur du château de Sarniguet près Tarbes.

C'est du château de Sarniguet qu'ils partent en juillet 1787, avec deux niveaux à bulle d'air construits par Vidal, dont l'un donnant les angles verticaux. Marchant ensemble mais

opérant séparément pour se contrôler, ils conduisent leur
nivellement par Lourdes, Luz, Barèges ; là, pour profiter du
beau temps, ils rompent l'opération ascendante pour la
reprendre par le pic, en descendant. Ils montent donc au
sommet, y couchent dans une cabane, fatigués, émus,
même craintifs ; puis un berger qui a déjà eu occasion de
parler à Reboul lui propose de construire une hutte neuve,
en pierre : c'est le fameux *asyle*. Les observateurs y passent
trois jours et trois nuits — des nuits déjà russelliennes — :
*nous jouîmes des plus beaux spectacles que la nature
puisse donner !*

Le 1ᵉʳ août, les observateurs, comme contrôle de leur
nivellement du Pic du Midi, sont au Bergons. Jugeant
nécessaire encore une grande ascension, le Néouvielle, ils
la font avec le guide Simon Guicharnaud qui d'ailleurs n'est
jamais allé au sommet de ce massif. D'où ces lignes de
Ramond : « *Ils allèrent au sommet du Néouvielle ; ils
prirent par le Lienz ; ce qui les frappa surtout ce fut la
multitude de petits lacs dont cette région est semée : du
haut de la montagne ils se lassaient à les compter. Ils ne
parvinrent point du reste au sommet le plus élevé.* » Où
étaient-ils allés ?

Vers quels points pouvaient-ils être naturellement sollicités
par le terrain ? La brèche (de Chausenque), ou le Turon.

Auquel des deux sont-ils allés ? Trente ans après, Reboul
le dira : *au sommet de Neige-Vieille-Caplongue, crête qui
sépare les vallées de Pragnères et de Couplan.* C'est
topique : ce Néouvielle de Capdelong, c'est le Turon ; Reboul
qui cote toujours trop haut lui donne 3092 (la hauteur
attribuée aujourd'hui au Néouvielle même) et s'estime
dominé de cinquante-six mètres par le *Grand pic Neige-
Vieille*, et cette différence, à très peu près, est juste....

Les opérations sont terminées le 14 août. C'est ce jour-là vraisemblablement que Reboul et Vidal, au lac d'Oncet, se rencontrent avec Ramond. Ils sont désormais en mesure de lui donner les hauteurs des grands pics pyrénéens de la région, les seuls dont ils connaissent les noms: Pic du Midi, Arbizon, Néouvieille, Pic Long, Vignemale, Marboré, le « Sommet cylindrique » et le Mont-Perdu.... Leur attention est très frappée aussi par deux pics éloignés, vers le port de la Pez (Posets), et vers le port d'Oo....

Reboul subit l'attirance du Marboré et du Mont-Perdu ; il va tâter de ce côté : il ascensionne le Piméné, sans l'inventer, mais il l'indique à Ramond ; il va dans Estaubé, il voit le bout de calotte blanche du Mont-Perdu, il le dit à Ramond....

En 1788, Reboul donne son mémoire : *Description du Gave béarnais.* Spécial, bon, mais terne, parce que timide. Sa description de Gavarnie, faible : il laisse tout tomber. Au lieu de la mise en scène de son Piméné, cet aveu triste sur le Marboré, le Mont-Blanc des Pyrénées : *j'ai plusieurs fois tenté en vain de parvenir à ses sommets.* Et encore ceci : *je suis loin d'admettre qu'il suffise de parcourir rapidement des vallons et des sommets... ou même de porter sur ces masses un coup d'œil rapide et passionné pour en déterminer les rapports et l'ensemble.* (Ceci est-il pour Ramond ?) *Aussi ai-je eu la précaution d'écarter les grandes vues.* Eh bien ! voilà justement pourquoi Reboul n'a pas été Ramond.

En juillet 1789 il repart, et « se dérobant quelque temps aux agitations de la politique » il fait une campagne de deux mois, avec son « jeune écossais de grande famille ». Il marche, lui aussi, vers ces hautes cimes aperçues du haut du Pic du Midi, vers l'Est. Le 25 juillet il stationne le pic d'Arré — pas le sommet, mais ce qu'il appelle le *pic d'Arré inférieur,* trente-sept mètres plus bas. — Il passe en Espagne, stationne un pic de 2500 qu'il nomme *pic d'Irré dans la vallée de Gistain*, d'où il vise un *tuc de Cieyo* (2700) *dans la vallée d'Astos de Vénasque* (ce pic d'Irré, — ou de Lardana, ajoutera Charpentier en donnant à ce pic secondaire le nom du Posets — ne peut être identifié). — Puis il passe le port de Peyresourde, et à Luchon, le 6 août stationne le Quairat (auquel il donne 3089 : le Quairat est donc, dans la région des grandes Pyrénées, le premier fait des pics de trois mille. La maîtresse page à laisser avec du panache ! Un écrivain eût fait du Quairat un Mont-Perdu !) — De là, stationne le Crabère. — De là le Saint-Barthélemy. (Le beau livre à faire sur tout cela !)

Et Reboul se trouve dès 1789 en position de déterminer par lui-même les hauteurs de tous les grands pics pyrénéens.

Mais il ne les publie pas. Les événements le prennent. Il est député à la Législative avec Ramond. Que de conversations pyrénéistes, piménistes, etc. ! Il est modéré. D'où bientôt la grande préoccupation du moment : sauver sa tête. Il se réfugie à l'armée des Pyrénées, près de son ami le général Dagobert. Il passe à Barcelone. Plus tard, Salicetti le présente à Bonaparte, général en chef de l'armée d'Italie. Le voici dans la carrière administrative....

Incidemment : pensez comme vous voudrez, par rapport au Turon, de ce texte assez vague de Ramond : *La partie accessible des cimes du Néouvielle n'est élevée que d'environ 120 mètres de plus que le pic du Midi, mais elle se trouve au point de départ d'un vaste glacier et serrée de près par les neiges éternelles. J'y ai recueilli, 20 et 26 août 1795, vingt-et-une espèces pharmaceutiques.*

Le temps a passé. Maintenant Reboul, ancien administrateur de la Lombardie, ancien agent-général des finances de la République Romaine, a cinquante-trois ans. Nous l'avons vu revenir aux Pyrénées en 1816 et y faire ce coup de grand pyrénéiste : inventer le Néthou et sa prééminence.

Il se perfectionne sur le vocabulaire des pics, il corrige ses cotes. Trente ans après le nivellement du Pic du Midi il donne, en 1817 *(Annales de Chimie et de Physique)*, son *Nivellement des principaux sommets des Pyrénées.* Il fixe la hauteur de quarante grands pics [Canigou, Peyric, Lanoux, Pédrous, Fontargente, Serrère, de Siguier, Montcalm, Pique d'Estats, Mont-Valier, de Rious (Montarto), Maubermé, Crabère, Gar, Carbious (Crabioules), Maupas, Quairat, des Pouys (Fourcanade), Néthou, Posets, Hermittans, Batoa, Arbizon, Arré, Aiguillous, Montagne de Troumouse (Munia), Pic du Midi, Néouvielle, Pic Long, Cambieil, Mont-Perdu, Cylindre, Marboré, Tours, Brèche, la cascade de Gavarnie 1266 pieds, Taillon, Vignemale, Badescure (Balaïtous), Arrieugrand (Cuje-la-Palas), pic d'Ossau, Aule, Anie]. Pyrénéisme capital ! Cotes un peu trop fortes en général — soit ! Néthou 3481, Posets 3437, Mont-Perdu 3403, Vignemale 3353, Néouvielle 3148, etc. (il tombe juste pour le *Badescure*, le Balaïtous 3146) ; son travail sera retouché et complété. Mais retoucher n'est pas créer. Reboul n'est-il pas le révélateur de la hauteur des Pyrénées?

Ajoutez à cela la monographie, le *Mémoire* (géologique) *sur les Monts-Maudits.*

Et quand Reboul mourut en 1839 il laissait, dit-on, le manuscrit d'un traité complet en six volumes sur l'histoire naturelle et la description des Pyrénées (il fallait le publier, attendre pour publier est toujours une faute : la mort vous prend).

Au total, très grand pyrénéiste, auquel a manqué pour vivifier son œuvre... un peu de génie. Ou le talent d'écrire.

Les cotes de hauteur de Reboul (et Vidal), jointes à celles de Flamichon, de Juncker (qui les avait communiquées à Palassou, qui les avait communiquées à Charpentier), de Rocheblave, de d'Aubigny, surtout à celles de Charpentier, et à diverses autres isolées, ont formé un ensemble que le travail des officiers géodésiens n'a pas fait disparaître instantanément, et qui se trouve cité dans les ouvrages pyrénéistes, depuis Lapeyrouse 1818, Chausenque 1834, puis (concurremment avec les hauteurs de Corabœuf et Peytier) Chausenque 1854, jusqu'au guide Richard de 1855. Avec le Joanne de 1858 elles disparaissent.

XIII

A PROPOS DE REBOUL : CHARPENTIER.
DE LUCHON A GAVARNIE PAR L'ESPAGNE EN 1811.

Les mesures barométriques de Charpentier ?

Encore un sujet de conversation rétrospective pour les Quinconces.

— Charpentier. Son *Essai géognostique* de 1823, spécial, aride, dur ! pas même de la géologie, qui peut avoir son pittoresque ; mais de la lithologie anatomique : le géognoste couche les Pyrénées sur la table de dissection et prélève des parcelles de leur substance — os, chair, ou derme — granit, terrain de transition, terrain secondaire....

— Oui, mais travail remarquable, et livre écrit dès 1812 : dès lors, pour l'époque, extraordinaire par la connaissance détaillée et précise de la chaîne....

— D'une telle géognosie que tirer au point de vue itinéraires d'explorations, et ascensions ?

— Quatre indications.

La première. Pendant des onze mois de Baïgorry, le jeune géologue saxon étudie les Basses-Pyrénées — moins la vallée de Barétous — et la chaîne frontière jusqu'au col d'Anéou.

La seconde. Pendant ses treize mois d'Angoumer, étude
à fond — en vue d'une carte géognostique des Pyrénées
qu'il va établir rapidement — des vallées des Pyrénées, —
Orientales, Aude et Ariège. (Tet, Tech, Prats de Mollo,
Prades, région de Canigou, gorges de l'Aude, col de Paillers,
Saint-Barthélemy, vallées de Vicdessos, Suc, Gourbit,
Saurat, Ercé, Massat, Sallat, Bethmale, Castillon, Ballongue,
massif d'Arbas. Combien de pyrénéistes en ont fait autant?)

La troisième. Devenu libre en 1811, Charpentier n'a plus
à penser qu'à l'établissement de sa carte. Alors, courses
géognostiques dans les Pyrénées centrales; avec un baromètre de mauvaise construction, dit-il, il s'essaie à des
observations dont il n'a pas l'habitude, ses itinéraires sont
jalonnés par: ports de Rat, de Salau, d'Orle, descente à
Mongarry; Artiguescou, pic de Gar, vallée d'Aran (qui va
être tout à l'heure annexée au département de la Haute-
Garonne), pla de Béret (Charpentier sait qu'au Sud de la
ligne de faîte et des montagnes de Caldas il y a de vastes
montagnes de granit: ceci ne l'empêche pas d'imaginer son
célèbre dédoublement des Pyrénées en deux demi-chaînes,
occidentale et orientale, la rupture et le décrochement se
faisant au val d'Aran), port de Viella (alors frontière: ici
Charpentier est frappé par l'immense protubérance granitique
de la Maladetta; il va attribuer à ses glaciers six mille toises,
douze kilomètres), passage sous la montagne du Toro de
Viella voisine « du Mail des Pouys que les chasseurs d'isards
de Luchon appellent Pique Fourcanade », portillon de Burbe,
Luchon, Superbagnères, pic de Montarrouye (ou petit
Quairat; ascension notable: il s'agit d'étudier la nature du
granit des hautes montagnes du Lys; Charpentier connaît
très bien la nomenclature de ces pics, immense protubérance
granitique encore: et aux glaciers de la Haute-Garonne il
donne aussi douze kilomètres, chiffre à réjouir Russell),

port de la Glère et « Gargouttes », port de Vénasque
gouffre de Turmon (la Rencluse), lac d'Albe (de Paderne),
*crête terminale de la Maladetta, 10 septembre 1811, et
un peu plus bas sur le revers Sud, trouvé des tourmalines,*
port de la Picade ; port d'Oo, qui lui arrache cette note :
*l'une des contrées les plus sauvages et l'une des plus
pittoresques des Pyrénées,* Arrougé, Esquierry, Peyresourde, gorge de Clarabide, port de la Pez et descente vers
l'hospice de Plan ; Serre d'Azet, Riou-Majou, Aragnouet,
port de Cambieil, cirque de Troumouse avec sa montagne
« que les espagnols nomment Piedra-Mala» (la Munia) ; Pic
du Midi, montagnes de la région de Barèges ; Gavarnie,
glacier « du Taillon ou du Gabiétou contigu à celui de la
Brèche » *(sic :* glacier du Taillon), Brèche, Millaris, et vue
du val d'Ordessa « en allant au Mont-Perdu »; les Espessières,
port de Boucharo.

De la crête de la Maladetta au sommet du Mont-Perdu,
pour l'époque, c'est bien !

Il reste à Charpentier un trou dans ses Pyrénées françaises :
la partie comprise entre les ports de Boucharo et d'Anéou.
Il n'a pas connu les régions de Cauterets et d'Azun.

La quatrième. Charpentier désirerait porter sur sa carte
géognostique les deux versants, et pour cela, descendre
toutes les vallées espagnoles jusqu'à la plaine. A la réali-
sation de ce beau plan un empêchement : l'état de guerre.
Du côté Basses-Pyrénées, Charpentier ne franchit pas la
frontière (se rappeler les guides de Chausenque au lac
d'Estains en 1810, ayant peur d'être enlevés). Du côté
Ariège, au revers des ports il descend un peu sur le versant
catalan reconnaître la nature du terrain.

Mais le haut Aragon est relativement sûr (Suchet et
ses successeurs ayant poussé des colonnes jusqu'au pied
de la chaîne frontière).

Alors, cousons bout à bout des lambeaux de phrases épars en désordre dans le livre de Charpentier : le résultat sera très curieux pour les pyrénéistes initiés.

Accompagné de MM. Camille et Victor Vergnies, maîtres de forges à Vicdessos....;

Luchon, 314 toises. — *Hôpital de Bagnères, mauvais cabaret* (ce pauvre hospice de France a une bien une mauvaise presse !)....

Hospice de Vénasque. — *Avec un guide espagnol aux lacs* (de Gias) *sous le port d'Oo. Et en face du port d'Oo, au Sud, un énorme amas de montagnes granitiques, protubérance immense avec plusieurs glaciers, nommé Punta de Lardana ou d'Erist, et aussi las Posets, et dont il y a lieu de croire que le sommet n'est pas de beaucoup inférieur à la Maladetta.* (Charpentier connaît le glacier de Ramunge et la géognosie du val d'Astos de Vénasque : il doit avoir fait le port d'Oo dans le sens Espagne-France).

Dans les montagnes qui entourent la gorge sauvage de Malivierna j'ai trouvé du schiste argileux noir... et la macle entre le torrent de Malivierna et Vénasque. (Vénasque alors, pris et occupé par les Français.)

J'ai observé le grès rouge auprès du port de Sahun....

Le plus beau graphite que j'ai vu dans les Pyrénées est à la montagne de Barbarisia. (Sur les cartes modernes, le lac de Barbaris est juste au Sud de l'Eristé.)

Saint-Jean, chef-lieu de la vallée de Gistain, 573 toises.

Trouvé du quartz rouge dans les environs de Servetto (Serveto), *vallon latéral de la vallée de Gistain. La petite vallée de Sin renferme une masse d'ophite....*

Superposition du calcaire alpin sur le grès rouge entre le village de Plan et le défilé étroit que l'on passe pour aller à Sarabille (défilé de l'Incluse).... — *(Les hautes montagnes au Sud de Saraville* (le Cotieilla), *qui s'étendent jusqu'au couvent de San-Victorian et portent le nom de Peña Montañesa sont de calcaire alpin....)*

Réunion de la Cincette (Cinquetta) *et de la Cinca, à Salinos, 392 toises.*

Les montagnes qui bordent la vallée de Pinède au Sud forment un chaînon détaché du Mont-Perdu, entièrement composé de calcaire alpin, et le col de Niscle et le portillon d'Escoin ou de Pouerdalas sont les seuls passages par lesquels on peut les franchir.... J'ai observé les quartz néopètres au portillon de Puerdalas (Ce portillon d'Escuain-Puertolas est ici, semble-t-il, la gorge même de la Cinca, à Salinas...?)

Schiste micacé dans la montagne de Parletto (Barletto)....

Bielsa, maison Bernardot (sic).

En allant de Bielsa au port du même nom, le grès rouge produit un effet très singulier par le contraste de sa couleur avec le gris clair du granit.... A la montagne de Méner au N.-E. de Bielsa (Pico Méné) *j'ai vu....*

Entre la vallée de Gistain et de Bielsa, sont des montagnes fort hautes écartées du faîte de la chaîne centrale : le Cau et le Pin. (Le Suelsa et le Fulsa. Sur la carte de Schrader se retrouvent, pour des contreforts, les noms de *Cao* et *Bin.* Charpentier croit que *Punta de Souelza* est le nom que les Espagnols donnent au pic de Batoa ou de Biédous. Il connait l'existence des *ports de Baroussetta* et *de Cavallos* — col de los Cavallos.)

A Espierbe, rencontré l'ophite....

Notre-Dame de Pinède au pied du Mont-Perdu, 667 toises.

La cataracte (cascade du cirque de Pinède) *est très belle et étonne autant par la hauteur de sa chute que par son volume....*

Grès rouge à 1.100 toises à la montagne de la Lary (de Lary)....

Port Vieil, 1.314 toises. Port de Pinède 1.237. Cirque d'Estaubé. Granges de Gargantan. — Gavarnie....

Mais alors ! Cette marqueterie géognostique, récit *sui generis,* c'est en somme, *de Luchon à Gavarnie par l'Espagne en 1811.*

Rien de moins. Quelle priorité !

Et ceci en style scientifique, toujours jeune, parce que sans phrases — donc sans phrases qui vieillissent. La phrase à ne pas faire en matière de Charpentier, c'est Palassou qui la fait (1815) : *cet estimable étranger, dans ses périlleux voyages, a gravi sur des crêtes aiguës et tranchantes; il a pénétré dans des lieux effroyables, inconnus aux habitants même les moins éloignés des affreux déserts où la nature semblait ne devoir jamais être interrogée...!* C'est ceci qui a des rides.

Au total, Charpentier pourrait aujourd'hui faire très dignement sa partie dans les conciliabules les plus transcendants des Champs-Elysées de Gavarnie....

Mais de son temps, il ne lui manqua point, le lieu célèbre où alors on parlait Pyrénées. Milieu *select,* milieu savant, milieu ardent. A Toulouse, chez l'ancien maire, naturaliste de marque, maintenant doyen de la Faculté des Sciences : en un mot chez Lapeyrouse.

XIV

A PROPOS DE CHARPENTIER : LAPEYROUSE.
L'ANCIEN PYRÉNÉISME BOTANIQUE.

Lapeyrouse ! Le revoici. Et engagé dans une nouvelle querelle pyrénéiste bien autrement funeste pour lui que sa querelle avec Ramond.

La botanique, cette science aimable, écrira Lapeyrouse. Science aimable ? Ah oui, parlons-en !

Pour l'honneur du grand pyrénéisme ascensionniste du xixᵉ siècle, — qui en somme n'a connu aucune rivalité aiguë, aucune priorité aigrement disputée, aucun mot malséant, — pour l'honneur de la Pléiade il faut voir ce que fut son violent prédécesseur, le grand pyrénéisme botanique.

Propos pour les Quinconces.

Le xixᵉ siècle a été l'époque héroïque de l'alpinisme ; avant lui était venue l'époque héroïque du botanisme. La grande époque de la détermination des espèces. Car herboriser n'est rien. Déterminer est tout. Faire « la diagnose ». Et — ô volupté puissante ! — déterminer qu'une espèce n'a pas encore été déterminée. Alors, le droit sacré de priorité, intangible : le droit d'imposer un nom à l'espèce ; et d'avoir pour les siècles des siècles son nom de naturaliste cité entre parenthèses derrière le nom de la plante, et faisant corps avec elle. Pour toujours *Potentilla nivalis (Lapeyrouse)* ou *Festuca eskia (Ramond)*. D'où des passions ardentes, et des tentations vers les procédés douteux : destructions, sur le terrain, des échantillons rares, pour en priver les rivaux ; ruses d'Apaches pour pénétrer dans l'herbier du voisin ; fourberies pour s'approprier une plante :

Cette espèce est à moi, c'est à vous d'en sortir... ;

dénaturation de noms ; vols de priorité, purement et simplement.

La botanique, science aimable ! *Doux pays !* dirait Forain.

Les anciens botanistes ? d'une formidable « rosserie ». Ils ne connaissaient pas le mot, mais ils pratiquaient la chose en grand.

Suivons Lapeyrouse, le grand homme du pyrénéisme botanique. C'est long. Mais ennuyeux, non pas.

Tout un drame !

Quand Lapeyrouse entre dans la botanique, elle devient
la section des agités. Il a poussé tout au suraigu, au vitriol.
C'est un don.

Il arrive à y compromettre sa gloire légitime. Il finit par
trouver un ennemi qui l'accable. Cet implacable ennemi de
Lapeyrouse, c'est Lapeyrouse : qu'il soit ambitieux, âpre
à la curée des espèces, despote, sans souci des titres
des autres, qu'il soit personnel, vain, jaloux, rageur, ceci
lui est commun avec tant d'autres, avec de très grands —
ce sont autant de qualités chez l'homme d'esprit. Mais il est
maladroit. Et c'est la clef du drame.

Et d'abord Lapeyrouse (prononcez *Lapeillerouse)*, Picot-
Lapeyrouse, très curieuse figure. Non pas homme de second
plan, simple professeur ou botaniste. Mais un savant, et un
« monsieur », même considérable : il a nom, fortune,
position. A vingt-quatre ans, avocat général au Parlement
de Toulouse. Et dès l'âge de dix-neuf ans, en 1763, il a fait
sa première herborisation pyrénéenne, dans le Donnezan.
Et il se passionne pour les Pyrénées. Il y reviendra presque
chaque année, dit-il. On tient pour certains, entre 1763 et
1797, dix séjours, de trois mois chacun. Ce sont des états de
service ! Lapeyrouse n'attend pas de les avoir au complet pour
considérer les nouveaux arrivants comme des comparses.

Bien entendu, c'est des Pyrénées botaniques qu'il s'éprend.
Les Pyrénées pittoresques, inconnues ! On ne fait pas les
grands pics, alors, on ne les regarde même pas ; on regarde
les plantes, on fait les grandes herborisations : Mont-Louis,
l'archi-célèbre Laurenti, Esquierry, la pène de Lhiéris, La
Piquette.

En 1782 Lapeyrouse a tout fait (et même, dit-il, sauvé la
vie à Dolomieu sur la pène de Lhiéris). Dès lors, il se
considère comme l'homme essentiel, comme le possesseur

des Pyrénées, et il se réserve de les révéler (botaniquement, toujours). Par une *Flore*.

Dans ces cas-là, un seul parti à prendre : publier. Publier vite, imparfait, quitte à améliorer ; mais publier, mettre la main sur le sujet ; si l'on ne peut inventer les Pyrénées et en être le peintre, du moins lancer un *essai*, une *contribution*, un *abrégé*. Faire comme ce jeune Carbonnières qui vient d'émerger en annotant de ses observations le livre de Coxe. Faire comme Palassou qui va être célèbre par son *Essai*.

Lapeyrouse ne publie pas. Son motif est noble : il rêve un ouvrage complet, définitif, magistral, d'une confection matérielle extraordinaire.

Et cependant, même sans publier, il a la position et l'autorité !

La position. Il est « l'homme qui doit publier la *Flore des Pyrénées* ». Le monde savant en entier est en suspens, attendant cette flore, Lapeyrouse est en correspondance avec tous les botanistes de l'Europe ; les botanistes locaux, qui n'ont pas les moyens de publier une flore, lui communiquent sans restriction leurs découvertes, avec l'espoir d'être nommés dans la grande épopée, dans la *Flore*. Lapeyrouse se souciera peu de nommer ; mais pour faire venir les renseignements il est séduisant, persuasif, irrésistible.

L'autorité. Il est décidément un chef : ses correspondants pyrénéens ne sont que des subalternes. Il est vraiment, à la fin du XVIIIe siècle, le maître des Pyrénées, le Pyrénéiste absolu. Quelque chose comme un Russell botaniste de ce temps-là. Ceci pour trente ans. Longues années de gloire !

Il a un monopole. (Le monopole des Pyrénées, personne n'a jamais pu le tenir, d'ailleurs. Mais sur le moment, on fait des victimes.)

Voici que Pourret, botaniste de premier ordre, — l'abbé Pourret, de Narbonne, qui vint à Paris par la protection du cardinal de Brienne, qui émigra, fut directeur des jardins botaniques de Barcelone et de Madrid, puis évêque espagnol, et manqua d'être écharpé comme français, dans son évêché de Galice, lors de l'invasion de Napoléon, — l'abbé Pourret, possesseur d'un splendide herbier, — l'abbé Pourret, la maison du bon Dieu, qui se laisse voler ses découvertes par les botanistes indélicats et se contente de dire : *eh bien, ça fera toujours connaître les plantes !* — Pourret, qui n'a pas de secret pour Lapeyrouse et lui communique tout, — voici que Pourret, en 1783, lit à l'Académie de Toulouse, à fin d'impression, un projet de monographie de la famille des Cistes, dont il espère le renom. Jaloux, Lapeyrouse, qui a « puisé à pleines mains dans les découvertes de Pourret sans avoir la pudeur de l'avouer » (Pée-Laby), Lapeyrouse, rapporteur, étouffe le mémoire : il fait décider par l'Académie qu'il ne saurait être imprimé dans ses Annales !

L'année suivante, Pourret apporte autre chose : une remarquable *Relation d'un voyage de Narbonne au Montserrat par les Pyrénées*, avec une flore détaillée. La concurrence, alors ? Pas de ça ! Lapeyrouse fait traîner l'affaire trois ans ; sous prétexte que l'Académie n'a pas de fonds, il fait demander des suppressions, des amputations, des mutilations. Le bon Pourret souffre la Passion : Seigneur, écartez de moi ce calice, écrit-il à peu près à Lapeyrouse : « *Je vous renvoie ce maudit catalogue réduit à un dixième, un extrait. Brûlez tout, même : j'approuve aveuglément tout ce qu'on voudra, mais je vous promets de n'y plus revenir !* » Seigneur, que votre volonté soit faite ! Pourret était pris de nausée. Il avait décrit douze cents plantes, classées méthodiquement ; Lapeyrouse impitoyable n'en laissa insérer en 1787, sous le titre *Chloris Narbonensis*, que cent trente, à analyse écourtée, et rangées par ordre alphabétique inoffensif. Ce n'était plus une flore pyrénéenne.

Étranglé net.

XV

SUITE: LAPEYROUSE ET RAMOND.

Péripétie dramatique. Comme Lapeyrouse vient de couper
en morceaux le cadavre du travail de Pourret, trémolo à
l'orchestre et surgit le vengeur !

De Paris arrive un volume : *Observations faites dans les
Pyrénées, 1789*....

Lapeyrouse en pense ce que pensent toujours les anciens
de la génération qui les suit. « Celle-là est un peu forte !...
Il se figure donc qu'on ne les connaît pas, les Pyrénées ? Il a
de l'aplomb, ce monsieur qui en tout s'est promené à Baréges
et qui a manqué la Maladetta !... Est-ce qu'il croit qu'on n'y
est pas monté, au Pic du Midi ?... Alors, il a découvert la
vallée de Campan ? Mais il y a vingt-cinq ans que je l'ai
fait, tout ça ! J'ai sauvé la vie à Dolomieu sur la pêne de
Lhiéris..., » etc. Et de hausser les épaules.

Puis il s'occupe d'autre chose : de politique. Lapeyrouse
comme tant d'autres est d'abord en avant, et puis il est en
arrière et frise la guillotine. Il est en prison à Toulouse
pendant que Ramond est en prison à Tarbes.

Et quand il sort, en 1794, enfin il publie la première
livraison de cette fameuse *Flore*, avec planches gravées et
coloriées. S'il peut aller jusqu'au bout, ce sera un monument.

Mais dès le début, Lapeyrouse a mal prévu le temps et la
dépense. Il reconnaît que sur ce pied c'est un travail qui
exigerait plusieurs générations et une fortune.... Ecrou-
lement !

Inspecteur général des mines, il vient à Paris. Là les
Jussieu, les Desfontaines l'accueillent avec empressement :
tous les herbiers s'ouvrent pour lui. (Il possède de plus le

manuscrit de Tournefort, *Topographie botanique des Pyrénées.)* Il est merveilleusement documenté.

Il revient aux Pyrénées. Il s'y passe des choses qui commencent à ne pas lui plaire. Ramond s'occupe de botanique. Il a publié dans la *Décade Philosophique* quinze plantes « inédites » du pic du Midi. « Inédites? allons donc! elles manquent de nouveauté, ses plantes! » Et dès l'abord, tout est gâté.

Ici conjonction des deux pyrénéistes qui jamais ne pourront se sentir.

En septembre 1795, Ramond qui sait comment il faut parler à Lapeyrouse, lui écrit sur ce ton : « *Citoyen, une lettre de vous adressée au citoyen Saint-Amans et que vous aviez eu la bonté de me rendre commune m'avait flatté d'une bien douce espérance. Je vous attendais à Barèges dont je n'osais m'écarter de peur d'y manquer un seul de vos pas. Je me voyais déjà à la suite du savant qui a acquis sur les richesses naturelles des Pyrénées une sorte de droit de propriété. J'allais apprendre de vous à les voir. Vous alliez corriger mes aperçus, lever mes doutes, rectifier mes conclusions. Mes dessins minéralogiques, mon herbier prenaient sous l'œil du maître une nouvelle importance. Il m'était permis de jeter un regard sur cette Flore magnifique dont vous enrichissez la bibliothèque des savants. C'était le plus beau des jours que j'eusse passés aux Pyrénées. Quel a été mon regret de voir arriver sans vous les compagnons de votre voyage !....* » Quand on écrit ainsi à un homme, on est bien près de le porter sur les épaules ! Dans cette lettre si curieuse (publiée par Roumeguère) où l'obséquiosité dissimule l'impatience, Ramond jusqu'au bout reste dans le ton. Loin de lui la pensée d'une flore pyrénéenne : « *je veux* » dit-il, « *vous rendre celles de mes plantes sur lesquelles vous exercez le droit de premier occupant* ». Et ainsi de suite : *l'éclat que*

vous doit la botanique des Pyrénées..., etc. Finalement
Ramond lui demande presque sa protection ; il voudrait être
— pas autre chose ! — herborisateur en titre d'un jardin
botanique à Tarbes, et correspondant du Jardin des Plantes
de Paris.... Peut-être est-il sincère....

Mais les voici confrères à l'Institut ; très mielleux de
forme, disputant onctueusement sur les deux calcaires et le
granit en place, et se faisant des politesses d'herbier ;
Lapeyrouse s'insinuant d'autorité dans les projets de Mont-
Perdu, et Ramond empressé, très agacé, et n'ayant pas l'air.

Et au bout de tout cela, l'affaire de Tuquerouye !

Notez qu'avec de l'adresse, Lapeyrouse s'en serait tiré.

Il s'est étalé sur la neige : eh bien ! il faut en convenir
gaiement. Et virtuellement, Lapeyrouse y était, à la brèche
de Tuquerouye : puisque il y avait son fils ! Un Lapeyrouse
a parfaitement fait l'ascension ! Il n'y a pour la suite qu'à
publier une note loyale de ce fils, puis continuer de se
coller à Ramond, même sans discrétion.

Mais au lieu de cela, il perd la tête. Il est vrai qu'il sent
qu'instantanément il vient de perdre les Pyrénées. Il veut
finasser. Et la grande rosserie de couper à Ramond le
Mont-Perdu sous le pied. Un tour de botaniste démarquant
une espèce ! Vite, le service des renseignements : faire
écrire par Frizac à Dralet, pour avoir tous les détails
sur la seconde ascension. Dralet les donne (donc, autre
relation sur Tuquerouye : lettre publiée par Roumeguère)
et y joint des fossiles, avec cette phrase : *Je trouve* (au port
de Pinède) *une tête arrondie... elle me paraît plus grosse
que la tête des hommes ordinaires, j'abandonne avec regret
cette pièce qu'il m'a été trop difficile d'emporter.* Lapeyrouse, dans sa lettre à l'Institut, démarque et s'approprie
tout : *Je distinguai surtout un* (ossement) *sphéroïde que je
reconnus pour une portion de la tête de quelque grand*

*quadrupède, son volume et son poids me forcèrent de le
laisser sur les lieux,* etc. ; il s'embarque à fond dans une
description imprudente d'os de grands animaux. Ramond, lui,
de visu, ne parlait que de coquilles. Le fiasco est complet.
Tout le monde, à l'Institut, voit le coup. Gillet-Laumont
écrit à Lapeyrouse qu'il a été devancé par Ramond et ajoute :
« *On aurait peut-être pu te faire le reproche d'avoir
voulu laisser croire que tu as monté aussi haut que le
citoyen Ramond par la manière que tu décris le voyage
que l'on y a fait (et plusieurs personnes l'ont observé à la
lecture)....* »

L'année suivante c'est au tour de Ramond d'avoir une
affaire : pas considérable, mais symptomatique. Avec La
Baumelle, à propos de la double expédition en 1798, 16
fructidor an VI, Ramond allant à Troumouse et La Baumelle
faisant l'ascension du petit Vignemale, d'où — retenez ceci —
il a rapporté vingt-deux espèces de plantes à Ramond et à
Saint-Amans. Ramond a donné dans ses *Voyages au Mont-
Perdu* une relation loyale de l'ascension de La Baumelle.
Pourtant La Baumelle est positivement vexé. Pourquoi ?
C'est qu'il y a eu probablement deux expéditions simultanées, concertées, donc deux chefs. Dans le récit de
l'autoritaire Ramond, il semble n'y en avoir qu'une, double,
sur l'ordre de Ramond, et La Baumelle n'est qu'un lieutenant : « *Je me déterminai donc à parcourir à l'Orient la
vallée d'Héas, au couchant la vallée d'Ossoue. En me
prescrivant cette tâche je m'étais ménagé des collaborateurs. Outre La Baumelle je possédais Saint-Amans...*
Il y a une nuance. (Tout ceci est de la quintessence de
pyrénéisme primitif !) Et La Baumelle de vouloir fonder
en 1799 à Toulouse le *Journal des Pyrénées,* dont le
premier numéro, seul préparé, contient son voyage au
Vignemale. Journal *lapeyrousiste :* cependant on y annonce

que Lapeyrouse avoue qu'après son voyage *aux bases* du Mont-Perdu, près du sommet duquel ses élèves s'élevèrent avec le citoyen Ramond, ses idées sur le calcaire du Mont-Perdu et sa formation ont changé. Mais, ajoute-t-on, ce qu'il faut pour le moment ce sont moins des théories que des faits ; le zèle de Lapeyrouse fournira un contingent de faits proportionné à ses talents. On y annonce aussi ses *Tables des mammifères et oiseaux de la Haute-Garonne.*

Et ici c'est Lapeyrouse qui a une affaire avec Cuvier qui lui reproche de lui avoir emprunté des classements sans le citer. Lapeyrouse met les pouces. (Que d'affaires !)

Vaincu dans l'affaire capitale du Mont-Perdu, mais outré, ne disant plus rien officiellement sur ce sujet, Lapeyrouse se rattrape officieusement. Son brillant salon est un milieu où on ne fait que « rosser » sur Ramond ; on le surveille, on l'épluche, on ne lui passe rien ; la guerre continue entre le maire de Toulouse et le député des Hautes-Pyrénées. Ramond attaqué ne se gêne pas pour hausser les épaules et pour parler. Et ce sont des lettres exclamatives de savants qui arrivent à Lapeyrouse : « *Mais qu'est-ce qu'il y a donc encore avec Ramond ??... »*

En 1800, Ramond publie dans le *Bulletin Philomatique* la description des fameuses « neuf espèces *inédites* de plantes des Pyrénées » (leurs noms sont célèbres dans le pyrénéisme comme des noms de pics : *Mérendère bulbocode*, etc.). — Lapeyrouse prétend avec acharnement: « il n'y en a *aucune* d'inédite ». Et il n'a pas raison. « Toutes ont été décrites » dit-il « deux notamment m'appartiennent: sa *Passerina nivalis* est ma *Passerina calycina*, et son *Senecio persicæfolius* est mon *Senecio Tournefortii!... »* Et il n'a pas tort.

Quant à lui il publie la seconde livraison de sa flore : sa *Monographie des Saxifrages*. Très belle.

Lapeyrouse a son homme de main — où mieux son homme de pied — le jardinier Ferrière : c'est lui l'ascensionniste, qui va chercher les plantes dans les endroits difficiles. En 1800, une idée ! Si Ferrière allait conquérir la Maladetta ! Ceci enfoncerait Ramond ! (Ramond n'a pas encore monté le Mont-Perdu : il n'est pas encore supérieur en situation à Lapeyrouse : la partie est en suspens.) Ferrière essaie, il échoue sur l'arête descendante, probablement au-dessus du « Portillon d'en haut », mais il est convaincu qu'il est allé plus haut que Ramond. On s'amuse énormément, chez Lapeyrouse, de l'ascension de Ramond à la Maladetta : on en fait des gorges chaudes. « Vous voyez le jardinier, Ferrière ? Eh bien, il est allé plus haut que lui.... »

Soudain Lapeyrouse crie de douleur, percé de mille dards. Les *Voyages au Mont-Perdu* viennent de paraître, 1801. On sait comment Ramond le torture....

La riposte, hélas ! on sait ce qu'elle fut : la lettre anonyme « bête à faire plaisir », que Ramond dit avoir reçu « de la boutique de Lapeyrouse ». On en est là !

La riposte de Ramond, triomphale : échec et mat. Il prend le Mont-Perdu, 1802. A lui les Pyrénées.

XVI

SUITE DE BÉRANGER : LE MONT-PERDU PAR LE SUD.

Une mince consolation. Deux mois après arrive à Toulouse Cordier, avec Bruun-Neergard. Il est admirablement accueilli chez Lapeyrouse, hospitalier aux hommes de science : on le documente sur la Maladetta. Cordier part pour Luchon et atteint la crête des Monts-Maudits. En voici toujours un qui est allé plus haut que Ramond !

Et, trois ans après — car jamais cette haine ne cesse —
un rayon de joie dans l'affaire de Lapeyrouse. Ramond,
suppose-t-il, va être vexé ! Il n'a pas osé descendre par le
Sud le Mont-Perdu. Il l'a déclaré un « abîme ». Or, le Mont-
Perdu vient d'être ascensionné par le Sud. Les partisans de
Ramond semblent contester l'ascension (c'est déjà le grand
soupçon alpiniste : *il dit qu'il y est allé, il n'y est pas
allé !).* — Vite des renseignements. D'Aldéguier, futur
bibliothécaire de Toulouse, les a eus. Il les écrit à Lapeyrouse, sans trop comprendre ce qu'il rapporte, au point de
vue montagne : mais sa lettre (publiée par Roumeguère) est
d'une haute curiosité.

« *L'auteur de ce voyage se propose de le refaire l'année
prochaine avec quelques amateurs des sciences qu'il
prétend être intrépides piétons, ce qui ne laisse pas
d'intriguer M. Ramond. Il craint qu'on n'ait de meilleurs
yeux ou de meilleurs instruments que lui....* »

L'ascensionniste est le jeune Charles de Béranger, présent
à Cauterets à la suite de Mlle Tascher, nièce de l'impératrice.
Son itinéraire aurait été : départ de Cauterets le mercredi
10 fructidor (28 août 1805), à trois heures du matin ; pour
guides, Martin, Michel Pin, — et aussi « Rondeau, » l'ancien
guide de Ramond, et « *cette particularité doit être notée,
car elle devient aférante en raison des prétentions de
M. Ramond et de ses amis qui disent que M. de Béranger
n'a pas été conduit sur le dernier sommet du Mont-
Perdu* ». Par la vallée « d'Entou » (Estom) et la montagne
« d'Osson », à deux heures après-midi à Gavarnie. Pris un
potage et reparti à quatre heures. A huit heures à la Brèche,
au Sud de laquelle on passe la nuit. A quatre heures du
matin, départ, « *vers le pont de Gnalis qu'il a traversé* »
(sic), après quoi, montée directe sur le pic. A six heures du
matin (lisez : dix heures) à soixante toises de la cime ;
resté là trois quarts d'heure dans l'espoir de voir tomber le

vent. Enfin, se soutenant les uns les autres, se cramponnant
aux rochers pour ne pas être emportés, à onze heures et
demie « leurs quatre têtes ont dépassé la cime altière du
mont. M. de Béranger a gravé son nom et celui de ses trois
guides sur la roche de cette cime ». Après un quart d'heure
de séjour par un vent tempétueux, « il a gagné les tours du
Marboré en longeant par la crête toutes les murailles exté-
rieures du cirque de Gavarnie à travers des neiges, des pics,
et des précipices affreux inconnus aux contrebandiers et
inabordés jusqu'à ce jour ». De nouveau la Brèche à quatre
heures, sept heures et quart à Gavarnie. Le lendemain
retour à Cauterets par Saint-Sauveur et le pic de Viscos.

« *Il vous sera aisé de juger du peu de fondement des
allégations que font à M. de Béranger les amis de
M. Ramond, et que c'est réellement la cime du Mont-
Perdu sur laquelle il a gravé son nom.... Rondeau qui
avait été un des conducteurs de M. Ramond, connaissait
cette dernière cime. Il y a par conséquent de la mauvaise
foi, du ridicule même à vouloir assurer que M. de
Béranger a été mal conduit....* »

Nous voici au plein des propos — disons : des potins –
des lapeyrousistes et des ramondistes.

Sur ce, repos. Lapeyrouse s'occupe de son administration
de Toulouse, de ses travaux scientifiques, de ses cours, de
ses collections, et dit-il, de « *ces beaux échantillons qui
font l'ornement de mon cabinet et l'orgueil de mes
démonstrations* ».

Paix ? Ou armistice ?

XVII

Soudain Lapeyrouse est de nouveau traversé d'une douleur aiguë. Le coup au cœur.

A Tuquerouye, instantanément il a perdu les Pyrénées.

Aujourd'hui, instantanément il va perdre la flore des Pyrénées.

Le ministre de l'Intérieur fait procéder à une enquête agricole dans toute la France. Confiée à qui ? A un botaniste, au jeune auteur de l'*Histoire des plantes grasses,* au genevois Decandolle, qui va visiter en 1807 les départements pyrénéens.

Mais alors, Decandolle va regarder dans tous les herbiers des correspondants de Lapeyrouse ! Instantanément il sera au courant de la flore des Pyrénées !! En quelques jours il sera aussi avancé que Lapeyrouse en quarante ans !!!...

Lapeyrouse est atterré.

Vite, le service des renseignements ! Decandolle arrive à peine à Montpellier que Gouan — ce vieux botaniste qui trouva le moyen de rester en bons termes avec Jean-Jacques — écrit à Lapeyrouse confidentiellement : « Nous avons ici M. Decandolle qui a vu et pris toutes les notes qu'il a voulu. Il n'a pas fait deux lieues dans nos environs et, comme je suis franc, je lui ai dit qu'il avait l'air de faire la *Flore française* dans le cabinet et sur les herbiers qu'on lui faisait voir. Et je crains qu'aux Pyrénées il n'envoie ses émissaires pour ramasser, et ensuite en parler comme s'il avait herborisé lui-même. Tous ces Messieurs venus de Paris n'ont pas le pied marin.... » Mais Gouan a soin de ne rien brusquer et reste bien avec Decandolle.

Lapeyrouse n'évite pas la maladresse funeste, la « sombre gaffe ». Decandolle arrivant à Toulouse, il ne lui laisse pas ignorer l'avertissement confidentiel de Gouan et lui refuse communication de son herbier. — Tu me le paieras ! pense Decandolle.

Pourtant le rapport de Decandolle sur les Pyrénées est inoffensif ; il est même terne, presque embarrassé : après son examen dans toute la plaine du Midi il est allé le 1er juin « chercher un second printemps à Mont-Louis », il a visité le Capsir, le célèbre Laurenti, il a « *porté ses pas* sur le Montcalm, c'est la plus haute sommité de cette partie des Pyrénées : elle n'avait encore été *observée* par aucun naturaliste » (le mot d'ascension est évité) ; il a « escaladé la Maladetta », mais « n'a pu parvenir au sommet », retour par le port d'Oo ; il s'est fixé à Barèges et quelque temps à Gavarnie, « pour étudier les lieux illustrés par les travaux et les belles observations de M. Ramond » ; il a vu la vallée d'Aspe, Saint-Jean-pied-de-Port, Bayonne ; il a pu envoyer à Paris des reptiles, animaux, outils aratoires, cinq caisses de plantes vivantes destinées au Museum et à l'Impératrice ; il s'est servi du baromètre pour mesurer toutes les « sommités » qu'il a visitées et qui n'avaient jamais été mesurées. Ici Lapeyrouse commence à grincer ; mais une phrase le met hors de lui : *MM. Gouan et Pourret ont donné beaucoup d'extension à la botanique de ces pays ; ils ont exploré les Pyrénées-Orientales, Picot-Lapeyrouse l'Ariège, Ramond les Hautes-Pyrénées, Bergeret les Basses....* Alors, il n'a, lui Lapeyrouse, exploré que l'Ariège ?

Au fond la vraie douleur, c'est ceci : Decandolle dit que *sa rapide exploration lui a fourni les moyens de faire de nombreuses corrections dont malheureusement les flores de Montpellier et des Pyrénées ont souvent besoin.* Il ne se cache pas d'avoir vu les herbiers ! Et il a tout vu : les herbiers de Xatard par exemple, le pharmacien de Prats-

de-Mollo, ou de Boileau le pharmacien de Luchon! Il s'est
mis au courant de la flore pyrénéenne et des secrets de
Lapeyrouse, même de ses erreurs possibles....

Lapeyrouse pour ne pas être devancé prend son parti : il
abandonne sa grande flore ; à soixante-quatre ans il fait ce
qu'il aurait du faire à vingt-quatre : il se décide à préparer
un *Abrégé*. Quarante ans de retard.

Les moyens d'investigation ne lui manquent pas. Il a
partout des correspondants pour lui faire sa récolte de
plantes ; Ferrière et Boileau toujours, le capitaine de
Villers dans la vallée d'Aran, Charpentier dans les Basses-
Pyrénées, etc.

Car si Ramond a eu et conservé d'invariables amis,
Lapeyrouse en a eu non moins, et de très dévoués. Les
relations les plus étendues. Charpentier (qui, notons-le, ne
s'est laissé jamais allé à partager ses passions contre
Ramond) parle de lui avec émotion, vénération. Lapeyrouse
l'a reçu, dit-il, comme un fils. Charpentier ayant trouvé en
Espagne une roche inédite la lui dédie et l'appelle *picotite*.
Par Charpentier nous entrevoyons, chez le doyen Lapeyrouse, la brillante société des d'Aubuisson ingénieur en
chef, des professeurs de la Faculté des Sciences, des docteur
Viguerie, des de Marsac, des d'Aldéguier, des Charpentier...
sans oublier Ferrière.

Ce fut là le vrai et le grand milieu pyrénéiste, au début
du siècle.

Et il faut considérer le livre de Charpentier comme nous
donnant le *la* des conversations pyrénéo-scientifiques qu'on
y tenait.

Eh bien ! peu de pyrénéistes d'aujourd'hui — des plus
forts — pourraient les suivre !

L'*Histoire abrégée des plantes des Pyrénées* paraît en

1813. Dès l'abord, étonnement du monde savant: Lapeyrouse y a conservé le classement de Linné — du grand Linnœus, comme il l'appelle — au lieu d'adopter la méthode naturelle de Jussieu....

Ce n'est encore là qu'un point secondaire.

Le grand malheur, c'est la notice préliminaire qui précède cet *abrégé* destiné à populariser *la botanique, cette paisible et aimable science.* La fameuse *Notice des auteurs qui ont voyagé dans les Pyrénées...* tout ce qu'il y a de moins aimable. Avec cette rage de s'attaquer à plus forts que lui, Lapeyrouse en fait un engin de guerre, et ce n'est qu'un vieux pistolet rouillé qui lui éclate dans les doigts. Il a encore la prétention de réduire Ramond à sa plus simple expression! Il l'attaque (en geignant; rappelez-vous ses cris moliéresques sur les *huit cents plantes!!!* et toujours : *j'ai sauvé la vie à Dolomieu!).* Pour le mieux diminuer il se souvient enfin de ces botanistes pyrénéens qui jadis l'ont généreusement aidé, lui Lapeyrouse, et documenté : Barréra, Gouan, Pourret. C'est là qu'il s'écrie : *les Pyrénées sont-elles la propriété exclusive de personne?* De lui, le mot est bon!

Puis il se met à lanciner Decandolle — qui dans la *Flore* française, 1805, décrit *sur la foi des herbiers ou des manuscrits* un grand nombre de plantes des Pyrénées, — qui nous apprend que depuis il a parcouru la chaîne entière — *en trois mois* — envoyant au Museum des reptiles, autres animaux, outils aratoires et cinq caisses de plantes vivantes, — *à coup sûr il en aura aussi séché un grand nombre..,* — qui a mesuré toutes les sommités qu'il a visitées et « qui n'avaient jamais été mesurées », etc....

Cette fois, Decandolle gouaillé résout la vengeance, et l'organise terrible. Tenir systématiquement Lapeyrouse, comme savant, pour négligeable, inexistant. Supprimer Lapeyrouse.

En 1815 lorsqu'il publie le sixième volume de la *Flore*

française, il cite dans la préface soixante botanistes, tous, Xatard, Boileau. Pas Lapeyrouse.

Cruel. — Et digne, s'il s'y fût tenu.

Mais il ne sait pas s'y tenir. Il devient, dans le courant du livre, taquin, grossier, misérable. Il se laisse entraîner à nommer Lapeyrouse, puis il le nomme tout le temps pour s'acharner à le ridiculiser en détail : telle plante que Lapeyrouse a décrite d'un tel nom, c'est telle autre ; cette espèce-ci ? c'est un double emploi de Lapeyrouse ; celle-là ? une erreur de Lapeyrouse ; celle-ci ? une confusion de Lapeyrouse ; le *myagrium auriculatum ?* « je n'aurais jamais pu reconnaître cette plante dans l'ouvrage de M. Lapeyrouse si elle ne m'avait été envoyée sous ce nom par les personnes mêmes de qui son auteur la tient. — L'*onobrychis saxatilis*, indiquée par M. Lapeyrouse dans la vallée de Vénasque, une des plus hautes des Pyrénées, n'est autre chose que l'*onobrychis sativa*... — Ou : « je doute fort que cette plante se trouve au sommet des Pyrénées, comme le dit M. Lapeyrouse qui a sans doute désigné sous ce nom quelque autre plante.... »

Ainsi de suite , indéfiniment. Le volume de la Flore française n'est que la démolition systématique de Lapeyrouse. Dans la conversation, Decandolle se gêne encore moins : « Lapeyrouse ? Il prend une feuille de fève tombée dans un étang pour une nouvelle espèce de *potamogeton*, et un millepertuis pour une gentiane ! » On lui fait observer qu'il passe la mesure. Il répond : *c'est de bonne guerre entre botanistes.* Guerre dégradante pour la botanique, science aimable.

Si Lapeyrouse exaspéré avait su écrire, d'un revers de main, même avec tous ses torts, d'une page il clouait Decandolle à sa goujaterie !... Mais il ne savait pas.

Il fit la faute suprême : discuter (discutailler !). Publier en 1818 un supplément à son abrégé. A soixante-quatorze ans,

le vieux pyrénéiste fait le coup de feu, la guerre de bicoques, il se défend de plante en plante. Il invective à son tour, laborieusement. Tel trait, il ne le relèvera pas : *on y chercherait en vain cette décence, cette urbanité chère aux Français et qui pour eux est un devoir, M. Decandolle est excusable, il n'a pas eu le bonheur de naître sur le sol fortuné de la France....* — Ou : *l'assertion de M. Decandolle est inconvenante et hasardée....* — Encore : *M. Decandolle prétend que la vallée de Vénasque est une des plus élevées des Pyrénées, qu'en sait-il ? il n'y a jamais mis les pieds....* »
Lutte lamentable !

Cette année 1818, Lapeyrouse meurt. Reposera-t-il en paix ?
Pas encore .En 1826, le vieux Ramond, dans son mémoire sur la *Végétation au pic du Midi*, lui détache encore des ruades, et pour la *potentilla nivalis !* « *Le nom de* potentilla lupinoïdes *que Willdenow donne à cette espèce vaut beaucoup mieux que celui du botaniste de Toulouse. Mais l'antériorité a ses droits, il faut la respecter....* — Ses fleurs ont, selon Lapeyrouse, cinq pétales, et le calice aurait douze segments : *ce serait une étrange distraction de la nature ; heureusement ce n'est qu'une méprise de l'observateur....* — Le calice est tout à fait conique. La description de Lapeyrouse n'en dit rien et sa figure le fait ovale, *pour avoir été dessinée sans doute d'après un individu desséché.* »
Si Lapeyrouse eût vécu, séance tenante il prenait Ramond en flagrant délit de réticence et d'équivoque. Pourquoi dire d'un côté : « *je suis monté* trente-cinq fois au pic du Midi », ou « *j'ai recueilli* au Néouvielle », et de l'autre : « les sommets du Vignemale sont bien plus élevés... ses crêtes *m'ont fourni* vingt-deux espèces » : les crêtes du Vignemale ne lui ont rien fourni directement, il n'y est pas allé. Dernier écho des affaires de jadis ! Rappelez-vous : ce sont les vingt-

deux plantes qui du petit Vignemale lui furent apportées en 1798 par La Baumelle....

Ramond meurt. Cette fois tout est fini. C'est la grande paix. *Requiescant.*

Jugement actuel (Pée-Laby, dans ses *Botanistes pyrénéens* du *Bulletin Ramond)* :

Lapeyrouse, trop ardent à la création des espèces. La science, après lui, a donné raison sur tous les points à Decandolle, qui est son vainqueur.

Des neuf plantes *inédites* de Ramond, elle en laissé définitivement cinq à Ramond ; elle lui en a enlevé quatre, dont deux restituées à Lapeyrouse (jamais les modernes ne se sont disputé les pics des Pyrénées comme les anciens se sont disputé leurs plantes).

Mais si Ramond a augmenté la flore pyrénéenne de seize plantes nouvelles, Lapeyrouse l'a enrichie de cent espèces.

La flore abrégée de Lapeyrouse est critiquable, soit. Mais la vraie critique eût été d'en publier une meilleure. Personne ne l'a encore fait.

Et puis, en somme, à sa manière, à la manière d'alors, Lapeyrouse a aimé les Pyrénées — peut-être plus que Ramond ! Il s'est consacré à elles, temps et fortune.

Soyons-lui indulgents.

APRÈS CENT ANS
(SUITE)

XVIII

VIEUX PAYS, COURSES NOUVELLES. — SUITE.

Il nous a menés loin, le Turon de Brulle et de de Monts.
Mais l'ancien pyrénéisme est indispensable à connaître.
Et une fois connu il devient obsédant. Les hommes insépa-
rables des montagnes. Jamais vous ne verrez, par exemple,
la Maladetta sans y voir passer les ombres de Ramond,
Lapeyrouse, Ferrière, Cordier, de Candolle, Charpentier,
causant, discutant, querellant, s'entrechoquant. Obsession
de ce pyrénéisme mort, qui fut si vivant....

Dans un siècle on aura l'obsession des grands pyrénéistes
de la Pléiade, et des pyrénéistes alpinistes. Toujours
on verra les ombres des Brulle, des Bazillac et des de
Monts, exécutant, avec l'ombre des Passet et des Salles,
des ombres de difficultés.... Pas sur des ombres de pics et
de crêtes : crêtes et pics, relativement éternels, demeureront
une réalité....

Et puis, finalement, le Turon est à Brulle, qui l'a mis en
valeur en deux lignes : *la vue du versant Nord est de
toute beauté. Au-dessus de la crête de Crabounouse, tout
le massif calcaire.*

Reprenons les « courses nouvelles » de 1891 :

L'Astazou par le Nord, encore une fois, par Brulle, de Monts et Briet. Au sommet, neige et tempête. Utilisation à point de l'abri de Tuquerouye où l'on se réfugie pour la nuit. Décidément il est précieux !

L'Épaule du Marboré par le Cirque, une « création » de Brulle, de Monts et Briet. *Par l'Espagne on arriverait sans s'en douter.* Échec, faute de corde assez longue (visite à *la caverne du Marboré).* Mais par le cirque « l'ascension dépasse les bornes d'une ascension pyrénéenne ». Reprise deux jours après, sans de Monts : mur à pic, en surplomb, Célestin y fait « des prodiges »; ensuite un pas-du-chat de la Meije, *il faut se déchausser une seconde fois, ce qui en dit plus long que toutes les descriptions.*

Le Pic de Tuquerouye, par le couloir de glace à l'Ouest de Tuquerouye. Célestin et Brulle. Difficile, le pendant de ce que fut l'échelle de Tuquerouye pour Ramond. Couloir très dur : les rochers, très escarpés, ne sont d'aucune aide. Presque un couloir de Gaube, mais ici la retraite serait assurée. Après la brèche, très étroite corniche, menant à une cheminée, menant à un gendarme. Et le pic. Descente par le Nord.

Mont-Perdu et Vignemale en un jour, 25 août 1891, avec Célestin et Salles. Une performance de Brulle, qui cumule les genres, l'attaque et le fond : *sprinter* et *stayer.* Minuit trente, départ de Gavarnie, *nous donnons immédiatement notre maximum;* trois heures, col d'Astazou, temps menaçant, éclairs sinistres; cinq heures trente, Mont-Perdu, brume, départ immédiat; sept heures, col d'Astazou; huit heures trente, Gavarnie, déjeuner; dix heures, départ;

midi, fond des Oulettes, on dort en marchant, et Salles
ressemble à une figure du musée Grévin ; glacier très
crevassé, pas de corde : le glacier a changé de forme, il se
gonfle et se porte vers la droite ; trois heures trente-cinq,
Vignemale ; départ immédiat ; sept heures, Gavarnie. Salles
repart à minuit pour le Mont-Perdu.

En octobre Vincent Cénac (qui vient d'essayer la
formidable paroi Nord du Crabioules) près de la pointe du
petit Gabizos a l'idée de quitter ses compagnons et de
continuer l'ascension pour son compte en « faisant » une
dalle de calcaire lisse : il se met sur une impossibilité, ses
doigts crispés lâchent prise, il tombe (route nouvelle !) ;
tout à coup miraculeusement il demeure accroché à un
rocher par son sac....

En 1892 :
Peyrelance, par Vincent Cénac, et par le même :
De las Néous (Balaïtous : la cheminée de gauche à peu
près inabordable) *au Clot de la Hount* (directement par la
paroi des Oulettes de Gaube : c'est-à-dire ascension du
Vignemale par sa ligne de profil à droite, vu des Oulettes ;
par l'arête « très agréable » qui est entre la face Nord et
Cerbillonas. Avec Salles et Paul Batan).
Par Vincent et Charles Cénac, avec J.-M. Bordenave et
deux guides de l'Hospitalet : *pic Pédrous* (facile) *par le
couloir Nord* (difficile).

Essai : *L'Astazou par la grande arête* (du Pailla) *qui
descend sur Gavarnie*. Brulle, d'Astorg, Célestin et son
cousin Hippolyte (Salles étant avec Saint-Saud dans les
Asturies). Demi-échec : l'arête ne peut être suivie jusqu'au
bout, on se rejette à gauche. *Tentative à refaire.*

Le Marboré droit par les murailles qui font face à

Gavarnie. Brulle et de Monts. Corps à corps avec les parois verticales. Et « *les péripéties ordinaires en pareil cas : essais infructueux, anxiété de se voir arrêtés, hissage à la corde, terreur de voir manquer la saillie dont dépend le salut du chef de l'expédition; c'est toujours la même chose et c'est toujours aussi le même plaisir* ».

Brulle ajoute ce trait, — qui dit tout sur la difficulté aux Pyrénées, cherchée et non nécessaire : « *pour rendre ces ascensions-là tout à fait comparables à celles des Alpes il faudrait qu'on fût obligé de descendre par le même chemin. Mais nous n'avons pas la grandeur d'âme de le faire, pouvant agir autrement* ». Et l'on descend par le chemin des vulgaires touristes. Mais avec cette arrière-pensée : « *quand nous ne saurons plus qu'inventer, nous opérerons en sens inverse et nous descendrons par où nous aurons monté jadis....* »

La Tour de Gaulis. « Espèce de mamelon carré, à pic, non encore gravi, disgracieux », disait Tonnellé. Et le 16 août 1892, Célestin l'emporte, hissant derrière lui Brulle, de Monts et Hippolyte. On l'attaque, sans grande confiance, par l'arête faisant face au Mont-Perdu, seul point où le surplomb des murailles ne soit pas trop effrayant. *Mais avec Célestin, où n'irait-on pas?* Acrobatie pure. La lutte est chaude, la victoire bien disputée. Et pour faire bonne mesure on y joint :

Le pic à l'Est du Soum de Ramond (et à l'Ouest du col de Niscle, le 3001 de Schrader, 3020 de Wallon). Schrader y est peut-être allé ; cependant le pic ne porte pas de trace d'ascension. Mais comme il a été facile, les ascensionnistes dédaignent absolument d'en laisser une eux-mêmes....

Campagne de 1893 :

Vincent Cénac, Henri Passet et Salles : *Gabiétou en hiver* (10 mars) *par les aiguilles de glace* (belle course : *Bulletin Ramond).* Manqué le pic de Bat-Houradade.

Marchand, le nouveau directeur de l'observatoire du Pic du Midi, qui s'est blessé à la jambe en installant un magnétographe : descente du pic, le 25 mars, sur un brancard porté par huit hommes.

Tour du Marboré par le col de la Cascade. Brulle, de Monts, Célestin, Salles.

Les Sarradets par une arête nouvelle. Brulle et Célestin.

Grand Astazou par la muraille Nord. Brulle, Célestin, Courtade.

Grand Gabiétou par le vallon de Pouey-Espé. Brulle, de Monts, Célestin, Courtade.

Tant va la cruche à l'eau qu'à la fin — révérence parler — Brulle finit par trouver l'accident après lequel il court. En 1893, montant au Vignemale sans guides avec d'Astorg et de Monts, et tenant la tête de la cordée, il est brusquement avalé par une étroite crevasse dans laquelle il trouve à s'arrêter à trois mètres cinquante de profondeur en s'arc-boutant des pieds et du dos. Heureusement les trois hommes ne sont pas des novices, et tout se passe *secundum artem.* Brulle ne lâche point son piolet (Fleur-de-Gaube), le nœud fait par d'Astorg sur la plus récente formule de l'Alpine-Club est solide, la corde est tenue par le dit d'Astorg comme il convient, et de Monts se jette à plat pour enrayer. Cependant Brulle est enseveli dans une position telle qu'il ne peut être repêché exclusivement par la corde, il doit lui-même s'aider de Fleur-de-Gaube, tailler des points de rétention, s'élever péniblement, lentement, des pieds et des reins. Enfin après une longue angoisse il reparaît aux yeux de ses compagnons blêmes. Ceci est l'essentiel des faits : mais cette fois, Brulle le concis a détaillé ses sensations

(Bulletin Sud-Ouest) dans un long article intitulé : *Une ascension de trois mètres*. Il y met de l'esprit et fait le malin suivant la formule usitée en pareil cas en alpinisme. Et pour cela cet article est son moins bon. Il sonne faux et gêne le lecteur. Oui ou non, Brulle s'est-il mis en danger ? Si oui, ce n'est pas drôle.

XIX

LE CINQUANTENAIRE DU NÉTHOU.

Le cinquantenaire du Néthou : sévère et noble. Pas de banquet, pas d'ascension en bande ; même, pas d'ascension du tout. Personne au sommet le 18 juillet 1892, personne le 23 juillet. Le Néthou ne reçoit pas, il est en deuil.

En deuil de ses vainqueurs.

Le cinquantenaire du Néthou : deux morts.

(Sans parler de Vaussenat, emmené mourant du pic du Midi en chaise à porteurs le 8 décembre 1891 dans une descente tragique et mort huit jours après. Sans parler de Lequeutre, soixante-deux ans, emporté par l'angine de poitrine qui depuis si longtemps le guette, et mort commis principal en retraite, et non commissaire général comme l'annonce le *Bulletin Ramond*. Sans parler du fils de Ramond, mort à Luchon à quatre-vingt-deux ans).

En 1891, en son château de Bizanos près Pau, à soixante-dix-sept ans, Franqueville.

En 1892, à Versailles, à quatre-vingts ans, un vieux savant, ancien officier, voyageur, explorateur, — et russe.

Platon de Tchihatchef.

Sa vie se résume ainsi : né en 1812 à Gatchina ; en 1828, volontaire dans l'armée assiégeant Silistrie ; 1829, officier au premier passage des Balkans ; 1831, campagne de Pologne ;

1832, quitte le service, capitaine en second, pour voyager en Occident. En 1836, Amérique du Nord, Amérique Centrale et du Sud. Ascensions de 5.000 dans les Cordillières. Veut tenter l'exploration du Haut-Amazone et traverser l'Amérique dans sa plus grande largeur : une révolution le force de rebrousser sur Cuzco. Il ne réussit que sur la ligne Valparaiso Buenos-Ayres ; en 1838, voyage méritoire à faire seul. A Buenos-Ayres, rencontre d'officiers anglais allant aux Indes où se prépare l'expédition d'Afghanistan : de là l'idée d'explorer les routes d'approche de l'Inde par le Nord, en vue d'éventualités de la part de la Russie. Il arrive à soumettre ce projet à l'empereur Nicolas, qui l'autorise à se joindre à l'expédition contre Khiva, 1839. Il ne peut pousser plus loin, la colonne expéditionnaire ayant été anéantie. Se préparant à de nouveaux voyages d'explorations il est en relation avec Arago, Elie de Beaumont, Humboldt et autres sommités scientifiques. Au cours d'un voyage prolongé en Occident, 1842, les deux ascensions du Néthou. Ne quitte plus l'Europe, sauf pour l'Algérie où il est l'hôte de Lamoricière. En 1855, au quartier général russe de Sébastopol. L'année suivante épouse la baronne Catherine d'Offenberg ; séjourne en France, en Italie, en Allemagne. En 1881, se fixe à Cannes et y passe tous les hivers jusqu'à sa mort.

Il était de quatre ans plus jeune que son frère Pierre, né en 1808, d'abord attaché au ministère des Affaires Étrangères de Russie, puis géologue, ayant étudié en Saxe et à Paris, et qui fut l'explorateur de l'Altaï pendant que son cadet était au Néthou : mort à Florence en 1890.

(Platon de Tchihatchef a laissé un fils qui fait volontiers de Luchon son séjour d'été.)

Août 1892. Un vieillard — un homme de soixante-six ans seulement, mais absolument épuisé — passe le port de

Vénasque, monte à Sauvegarde, regarde longuement la place où périt l'archidiacre Hardwich, descend, donne l'accolade à Cabellud, passe la nuit dans sa cabane, repart avec Paco, le fils de Cabellud, descend en longue flânerie à Vénasque « sale et sombre », et le lendemain, sur le cheval de Paco, entre dans la gorge de Malibierne, et tout en chevauchant regarde vagabonder ses grands chiens des Pyrénées, Diana et Don....

—— Il a des chiens des Pyrénées? Alors ce vieillard est Packe?

— Oui. Packe qui a voulu revoir une dernière fois des lieux si chers. Packe que les souvenirs ici assaillent en foule : il y a trente-trois ans, Sauvegarde, Hardwich ! trente ans, Arrasas ! vingt-neuf ans la vallée, et vingt-sept ans le pic de Malibierne, son vrai sommet, la première ascension, par l'Est, « comme a eu la bonté de le reconnaître mon ami M. Schrader dans une note spéciale de l'*Annuaire* de 1879 », le passage de la fameuse lame de calcaire pour aller cueillir le pavot *suaveolens ;* le capitaine Barnes, les guides Charles de Saint-Mamet et Firmin Barrau..., et la chienne Ossoue (qui monta le Balaïtous par l'Ouest). Elle est morte. Aujourd'hui c'est la chienne Diana.

Elle mourra aussi bientôt, la chienne Diana. Et l'excellent Packe, pour la tombe de « ces fidèles compagnons à quatre pattes » composera une épitaphe latine :

In vitâ tot peregrinationum
Per invias rupes, et nives sempiternas,
Comites, defensores, pariterque juvamen,
Morte etiam hoc ultimum, quam dulce, solamen relinquunt,
Spem paululum amissas
Revisendi.

Packe qui remonte à son *pic Papaver* (contrefort Ouest du Malibierne 2817) et par l'*Estiba Freda* descend à Serlé, en pensant au temps où ceux qui avaient pénétré dans Malibierne pouvaient se compter sur les doigts d'une seule main! (Aujourd'hui, Malibierne, rendez-vous de chasse pour touristes riches, qui de Luchon y viennent camper somptueusement, longuement, en colonne expéditionnaire, et massacrer les isards par vingt-cinq à la fois. Étonnants isards, la grâce des hautes régions! l'homme, l'horrible bête, vous anéantira comme il a fait du bouquetin, et la montagne aura perdu un de ses attraits. Pauvres isards!)

Qu'ils sont touchants, ces adieux d'un passionné pyrénéiste aux Pyrénées; et cette *Nouvelle visite au Malibierne* que Packe veut écrire pour la donner — traduite en français par son ami Russell — à l'*Annuaire* du Club Alpin, où il se sent honteux, dit-il, de ne pas encore voir son nom parmi les collaborateurs; et cette très douce réclamation de priorité pour son bien-aimé pic de Malibierne; et ces courtoises discussions sur ses cotes de hauteurs comparées à celles de l'orographe....

Eh bien, qui le croirait? Le mot suprême du bon et bienveillant Packe fut un anathème. A l'alpinisme de difficulté, aux étaleurs de tours de force musculaire qui regardent la montagne comme une ennemie à vaincre, aux gymnastes ne voyant dans une ascension que « le plaisir » d'éclipser tout le monde à la course, et — textuellement — aux *batteurs de record!*

Très touchant, le souvenir que le vieux Cabellud garde du célèbre pyrénéiste: le considérant comme un autre Russell, et pénétré d'admiration pour un anglais qui a poussé jusqu'à la Sierra Nevada, si loin de Vénasque, il l'appelle en son baragouin : *Monsieur le comnte Packe: le seul qu'il est allé d'Inghilterre à Mouliacenn* (Mulhacen) *à pied!*

Nota. Packe avait fait dans les Alpes le pic de 4000 ; il y avait eu le spleen.

En 1893, le congrès du Club Alpin se tint à Luchon, conduit par le président Laferrière. Le gros des clubalpinistes se voitura au val de Burbe. Le petit nombre des vaillants *ascendit* la Tusse de Montarqué, ou le Hourgade, et à cette occasion Gourdon publia dans l'*Annuaire* la monographie définitive du *Massif de Hourgade*. Enfin une élite de huit, plus cinq non-clubistes, plus l'instituteur-botaniste Saubadie, plus dix guides, risqua le Néthou, et y eut du mérite, car il fut atroce (septembre).

D'où un double récit.

L'un développé *(Excursion au Néthou*, dans l'*Annuaire)* d'Antoine Benoist, aujourd'hui recteur de l'Université de Montpellier, l'organisateur de l'ascension, quarante pages : un Néthou aussi détaillé que si nous étions au temps de Franqueville — le Néthou est inusable. — Débutant par un abatage en règle aux déplorables traditions luchonnaises : Luchon ville d'eaux *et de plaisir, où le Casino joue un rôle prépondérant ;* c'est là que se prennent les habitudes de paresse qui se répandent ensuite dans la population. Luchon, centre incomparable d'excursion, où un alpiniste sérieux trouvera des guides assurément fantaisistes, bons garçons, amusants, marcheurs intrépides, mais paresseux à porter le sac, d'une ignorance naïve : rien des qualités d'un guide-chef.., — continuant par un bon tableau de la visite préparatoire à la Rencluse et à son seigneur et maître Sebastian Pedron y Mora, des histoires de carabineros, un panorama exhilarant des quatre-vingt-dix touristes du Club saucés par la pluie battante au port de Vénasque, et encore le campement des ascensionnistes à la Rencluse, et la dure ascension, et les colloques mystérieux, en patois, avec les autres guides (Bernatet, Traqué) de Courrège, inquiet d'avoir à faire franchir le dôme, ou la cheminée, à des touristes de force très inégale, etc., etc. Au total, une peinture très minutieuse et caractérisque.

L'autre **extra-bref** : *Extrait du carnet d'un membre de la Section du Sud-Ouest qui a assisté au congrès de Luchon* (Paul Gourguechon : *Bulletin Sud-Ouest).* En dix lignes, tableau de l'agape des quatre-vingt-dix chez Cabellud : « une équipe d'ouvriers installe des tables et bancs rustiques ; peu après l'on dresse le couvert, un vrai service avec verres et assiettes, pendant que tous les apéritifs connus circulent à la ronde, puis dix minutes après l'on n'entend plus que le cliquetis des fourchettes et de la vaisselle..., le ciel a fini par s'assombrir complètement, et lorsque le moment du champagne est arrivé nous recevons brusquement sur la tête une de ces douches qui doivent faire époque dans la vie d'un canard ». Et quant à ceux qui sont montés au Néthou, « voici la narration de cette journée telle qu'elle m'a été faite par un de nos collègues : partis de la Rencluse à neuf heures, arrivés au sommet à quatre heures de l'après-midi, la montée pénible, surface des glaciers transformée en ruisseau, de l'eau jusqu'à la cheville, la vue du sommet masquée par la brume ; pour comble de bonheur, manque de vivres : une course de ce genre, préparée avec tant de soin et où ressortait en tout le talent d'organisation de notre chef d'excursion, méritait mieux. Rentrés à la Rencluse à dix heures du soir, les ascensionnistes trouvent pour se réconforter un peu de thé assaisonné d'esprit de vin : vous voyez d'ici la saveur de ce mélange. Quelques instants de repos, et la descente vers Luchon s'effectue au moyen d'une lanterne, nos collègues risquant vingt fois de se casser le cou ».

Mais voici un document essentiel :
Un demi-siècle d'ascensions au pic de Néthou..., *archives du pic de Néthou recueillies et publiées par Maurice Gourdon....* Saint-Gaudens, imp. Abadie, 1895, de 78 pages.

Reproduction *in extenso* des inscriptions de tous les registres de 1842 à 1892 : rien de plus curieux que cette gamme complète de sensations, ces variations sur un même thème, depuis la poésie d'un Russell et la verve d'un Liégeard jusqu'à la grosse joie d'une Madame Michaud qui, à la Rencluse « a ouvert le bal avec le guide Tournan qu'elle a embrassé pour terminer la polka ».

Des vandales ayant déchiré et dérobé des fragments des registres, le chiffre exact des ascensions ne peut être établi. Mais, chiffres ronds, en cinquante ans sont montés au Néthou six cents expéditions, deux mille quatre cents ascensionnistes, moitié guides, moitié touristes. Les douze cents touristes, vu les ascensions multiples pour beaucoup d'entre eux, représentent mille visiteurs différents, dont six cents Français, trois cents étrangers et cent femmes.

XX

LES PYRÉNÉES AU THÉÂTRE.

Et comme en France rien ne saurait finir tristement, le cinquantenaire du Néthou se termine à l'Opéra par un ballet.

Sans parler du *Val d'Andorre*, depuis quelque temps déjà, le théâtre a envie de s'approprier les Pyrénées.

En 1887 (comme centenaire de Ramond, ceci est bon !) à la Gaîté, *Dix jours aux Pyrénées, voyage circulaire en cinq actes et dix tableaux,* par Paul Ferrier, musique de Louis Varney. Des parisiens grotesques rencontrant au col du Limaçon un ours qui n'est qu'une peau d'ours déguisant Pascalet venu courtiser la fille de la buvette (!) ou échouant à Panticosa où le corrégidor les oblige à remplacer une troupe de toreros empêchée et à donner une corrida dans le cirque (! !) et tout finissant à Biarritz par un double

mariage. — Vulgaire parade, mais jouée par Berthelier,
Vauthier, Alexandre, Mmes Théo et Demarsy.

Puis à l'Hippodrome, une pantomine à grand spectacle:
Aux Pyrénées ; ceci fut mieux, musique de Wittmann,
deux cent cinquante exécutants, etc. Réveil des hôtels au
retour de la saison, arrivée des baigneurs, touristes sérieux
ou comiques, chanteurs de Bagnères-de-Bigorre (les vrais),
étalage de toilettes, cavalcades, retraite aux flambeaux,
grande bataille de fleurs et feu d'artifice de Ruggieri. C'est
bien ça, la montagne !

N'est-ce pas aussi à Bagnères que *Miss Helyett* montra
la « perspective imprévue », etc. ?

Enfin, en 1892, juste pour son cinquantenaire, le Néthou
est mis brillamment en ballet à l'Opéra : *la Maladetta*,
deux actes et trois tableaux, livret de Pierre Gailhard,
musique de Paul Vidal (deux toulousains). Entre des
épisodes de pas de la cruche et de danses de gitanos, dans
la vallée d'Oueil, le pâtre Cadual délaisse sa fiancée Lilia
(Mlle Subra) pour suivre la Fée des neiges (Rosita Mauri) qui
le fascine et, après l'avoir attiré dans ses blanches et perfides
cavernes de glace et un moment enivré par la danse des
stalactites, le fige et fait de lui un bloc de glace (dernier
revenez-y du spectre de Barrau....)

Et encore la *Navarraise,* de Claretie, musique de Masse-
net, — et *Guernica*, drame lyrique de Gailhard, Gheusi,
Paul Vidal, — et *Messidor*, de Zola, musique de Bruneau,
qui se passe dans la vallée de Bethmale. (Sur cette vallée,
voir *Vallée de Bethmale* par Cau-Durban, illustrations de
Félix Regnault, brochure, Toulouse, 1887.)

Et autre chose : sur un hippodrome suburbain, une journée
de courses à Enghien offre le *prix des Pyrénées*, le *prix de
Gavarnie*, le *prix du Vignemale* et le *prix du Néthou*....

APRÈS CENT ANS

(SUITE)

XXI

LES PICS D'EUROPE.
LIÉVANA, VALDÉON ET SAJAMBRE.

Sur les hauteurs d'Hendaye, au soleil qui décline, un rêve, devant les montagnes s'éloignant à l'infini vers l'Ouest: s'élancer, suivre la ligne de faîte, de sommet en sommet, tant qu'il y en aura....

Cinquante lieues de Cantabres; petite hauteur, mais n'y a-t-il pas à petite hauteur des vues merveilleuses? la Rhune; même moins, la croix de Mouguerre près Biarritz?

Deux cents kilomètres de monts asturiens; la hauteur remontant à 2000 à la Peña Labra, et plus haut encore à cette fameuse Peña Prieta, la Pène-Noire, qui, dit Joanne, a *plus de deux kilomètres et demi de haut,* belle façon de dire que c'est un pic de deux mille cinq cents?

Cent cinquante kilomètres encore; de Pyrénées éventaillées en delta des monts de Galice, jusqu'au cours du Minho.

Et c'est heureux qu'il soit là pour nous arrêter, ce Minho, sinon, voler encore sur des lignes de faîte, jusqu'au Mulhacen de la sierra Nevada, et encore remonter au Monserrat pour recommencer les Pyrénées, la chaîne sans fin....

Elle est fière, la *Peña Prieta* nommée plus haut : point culminant de la Cordillière. Pour lui trouver une égale, il faut à l'Est venir au pic d'Anie, et à l'Ouest en Amérique....

Oui, mais au Nord, en dehors de la Cordillière, elle est immédiatement vaincue. Entre elle et l'Océan, dans l'étroite bande, il y a place pour sa défaite....

De Biarritz, par les temps transparents qui précèdent la pluie, à soixante lieues dans l'Ouest, sur la côte d'Espagne, on devine une chaîne de pics qui, pour être vus de si loin, doivent être bien hauts....

En 1894-95 de toutes parts dans la littérature pyrénéiste retentit un nom imprévu : Pics d'Europe, *Picos de Europa*.

Idée superbe de Saint-Saud : ajouter à la découverte des Pyrénées un codicille grandiose, en les doublant. Agrandissement par la longueur.

Reprendre cette thèse vraie : que faire finir les Pyrénées à la Rhune, ou à la Bidassoa, ou au chemin de fer Paris-Madrid est absolument conventionnel et artificiel, et que, Pyrénées et Cantabres, c'est toujours Pyrénées. *Les Pyrénées finissent au cap Ortegal*, avait dit Charpentier. Le *Joanne* ne s'ouvre-t-il pas sur ce mot de Reclus : *la chaîne des Pyrénées se prolonge depuis le cap Creus sur les bords de la Méditerranée jusqu'au cap Finistère où elle disparaît dans l'Océan Atlantique.*

Voilà les Pyrénées par un coup superbe portées à mille kilomètres.

Des cent lieues supplémentaires, Saint-Saud, si tôt sa longue exploration des sierras terminée, veut, altéré de découvertes et de nouvelles visées, explorer, lever la partie capitale, par le milieu de la chaîne cantabrique, près des sources de l'Èbre : le grand massif asturien portant le nom singulier, jusqu'ici mal expliqué, de *Picos de Europa*, Pics d'Europe.

Massif de premier rang, qui domine directement la mer de 2600 mètres et forme un vaste foyer de condensation des nuages ; pics montant de plus de 2400 mètres sur leur base, donc de premier ordre, et à savoureuses formes calcaires : hardiesse des escarpements « plus hauts que les murailles du Marboré lui-même ».

Pour que nous en suivions la découverte, une difficulté : avalanche de noms nouveaux ne disant rien à l'esprit du lecteur, puisqu'il s'agit d'une région dont il n'a aucune idée.

Nécessité d'un fil conducteur, d'une donnée directrice. La voici.

Se représenter, au Nord de la Cordillière, une patte d'oie formée de trois vallées d'immense profondeur : de l'Est à l'Ouest, la LIÉVANA, le VALDÉON et le SAJAMBRE.

Qui connaît Liévana, Valdéon et Sajambre a la clef.

Mais entre trois vallées on ne peut placer que deux massifs, et il faut en placer trois.

Serrons de plus près, par l'adjonction d'une quatrième vallée :

Schéma : sur soixante kilomètres de long espaçons quatre rivières coulant Sud-Nord. — De l'Est à l'Ouest :

1° le *Déva*, (coulant dans la vallée de la *Liévana*, dont le chef-lieu est *Potés* et la localité extrême *Espinama*) ;

2° le *Dujé*, (gîtes : village de *Sotres*, mine d'*Aliva*) qui se jette dans :

3° le *Carés*, (coulant dans les gorges du *Valdéon*, qui montent aux points d'attaque de *Cain* et de *Posada-de-Valdéon*, il se jette dans le Deva) ;

4° le *Sella* (Seilla : sa haute vallée s'appelle *Sajambre*).

Dans les trois cases formées par ces quatre cours d'eau, plaçons trois massifs :

1° Oriental ou *de Andara*, le moindre en surface. Les sommets s'y appellent *pics*.

2° Central ou *des Orriellos*. Les sommets s'y appellent *tours* et comprennent les points culminants du système.

3° Occidental ou *de Covadonga,* le plus étendu. Les sommets s'y appellent *pènes.*

Covadonga et sa bataille, Cangas de Onis, le roi Pélage : que de souvenirs éveillent les pics d'Europe, berceau de l'indépendance espagnole !

Notons que quelquefois les cols s'appellent des *pans.* Passage de la Liévana dans le Valdéon par le *Pan de Trave,* du Valdéon dans le Sajambre par le *Pan de Ruedas,* etc., etc.

On n'est jamais le premier, dit Schrader. Dans l'exploration des Pics d'Europe, Saint-Saud avait un prédécesseur.

XXII

AUTREFOIS.
CASIANO DE PRADO : LA TOUR DE LIAMBRION.
LES CHASSES D'ALPHONSE XII.

Le Ramond des Pics d'Europe fut l'ingénieur des mines espagnol Casiano de Prado.

En 1845 (ceci nous met entre la conquête du Néthou et celle du Pic Long et du Néouvielle), il les aperçut du sommet de la peña Corada en Castille.

En 1851, le mauvais temps le fit échouer dans une première tentative.

Deux ans après, il donnait rendez-vous à Riaño à deux géologues français, de Verneuil et de Lorière, et, partant de Portilla-la-Reina, le 28 juillet 1853 les trois explorateurs franchissant la chaîne cantabrique, et suivant son chaînon d'attache au massif central des Picos, faisaient l'ascension d'un grand pic de ce massif central qu'ils pensaient être le

point culminant du système. Déception de s'y voir dominés
— grandement, de tous côtés! — et surprise de se trouver
en présence d'une véritable mer de montagnes! Revenus
coucher à Portilla, ils franchirent de nouveau la Cordillière
cantabrique au pan de Trave, et firent une descente d'une
douzaine de kilomètres dans le Valdéon, par Santa-Marina.
A Cain, un aubergiste leur apprit le nom du sommet gravi
la veille, la *Tour de Salinas,* et en même temps leur
désigna, droit sur leur tête à l'Est, le sommet qui passait
pour le plus élevé des pics d'Europe, celui où se forment les
premiers nuages au changement de temps et où tombent les
premières neiges de l'automne : la *Tour de Liambrion*.
Le lendemain l'expédition se divisa: Prado passant à l'Ouest
dans la Liévana par le col de Valdéon ; les français à l'Est,
par le pan de Trave, dans le Sajambre.

En 1855, Prado revient, et échoue dans une tentative sur
Liambrion.

En 1856, partant de Santa-Marina de Valdéon et de la
cabane de Liordés, une rude ascension par le Sud — il dut
se déchausser — le mettait le 11 août au sommet de
Liambrion qu'il reconnaissait n'être que le second du massif.
Il se trouvait dominé — de très peu, quelques mètres — par
la *Tour de Cerredo*. Il aperçut aussi une cime étrange,
inaccessible, un ballon ou une orange de pierre, en surplomb
de partout, le *Naranjo de Bulnés*. Il releva la hauteur du
Col des Neiges et de huit sommets principaux.

Le rapport de Prado est un des écrits les plus rares du
pyrénéisme. Peu de personnes l'ont vu. D'ailleurs, nul au
point de vue pittoresque ou orographique : il ignore même
la division en trois massifs.

En 1870, les ingénieurs espagnols stationnèrent le *Cortés*
2453, point géodésique dans le massif d'Andara.

En 1876, dans le premier volume de sa *Géographie,*

Reclus, bien documenté et sagace, démêlait en quelques traits le caractère pittoresque, saisissant, des pics d'Europe : la Tour de Cerrédo, cime dominante de ce groupe, le troisième de l'Espagne par son élévation ; la vallée de la Liévana, ou de Potés, creusée en chaudière, « peut-être la plus remarquable de la Péninsule par sa profondeur relative », entonnoir formé d'escarpements de deux mille mètres ; les deux vallées-gouffres de Valdéon et de Sajambre, analogues à la Liévana quoique moins grandes.... Tout ce chapitre des Asturies et des « Illustres Montagnes », captivant, et fait pour solliciter l'explorateur. Une carte y était insérée, qui nous montre aujourd'hui... combien cette carte des pics d'Europe avait besoin d'être refaite !

Les années passèrent : la difficulté d'accès des pics d'Europe commença à s'atténuer par le développement de la vie minière et des chemins d'exploitation (mines de la Providence à Andara et à Aliva ; mine de Liordés ; mine des Picayos, entre la chaîne et l'Océan).

En 1881, pour la seconde fois un roi d'Espagne vient s'établir dans les pics d'Europe. Le premier était Pélage. Alphonse XII, lui, venait pour chasser, accompagné de sa sœur l'Infante Isabelle, et mettait ainsi en évidence ce massif oriental d'Andara que Prado n'avait même pas remarqué. Le jeune roi monta au signal de Cortés et aux pics du Fer, *picos del Hierro*.

Reprenons maintenant le *Bulletin Sud-Ouest du Club Alpin* de juillet 1882 : *Excursions dans les Pyrénées cantabriques* de Saint-Saud, et aussi son *Tableau de données géographiques* de 1882. Du 18 au 31 mars de la même année, un beau voyage. Débarquer à la station de Zumarraga ; en diligence, par Vergara, à Bilbao, visite à Orduña ; de Bilbao, par les montagnes de Ramales (mauvais temps, neige) à Santander. De là, longeant la mer, Torré-

lavéga, Cabezon de la Sal, et alors, premier regard d'envie :
sur la gauche, « une vue splendide sur la haute chaîne
asturique : les superbes *pics d'Europe,* qui dépassent 2600
mètres, se dressent couverts de neige... d'autant plus impo-
sants que leur base étant à 300 mètres, ils s'élèvent
directement de 2300 ». Puis Unqueras, Rivadesella,
hospitalité chez l'écrivain catalan Clot, séjour, étude de la
population et des types. Puis Cangas de Onis, les gorges,
Covadonga, sa grotte et ses cascades, et Saint-Saud ému en
approchant de ces lieux, théâtre d'événements si merveilleux : « le site si grandiose, les hautes montagnes à
l'horizon, la solitude mystérieuse de ces parages pleins de
souvenirs, tout cela donne à Covadonga une saveur inex-
primable ». Puis, de Cangas à Oviédo ; aux cols, vue sur
les pics d'Europe, sur la Cordillière, sur les sierras baignées
par la mer. Charmant pays avec routes, diligences, bonnes
auberges, « et qui mériterait d'être plus visité » ; les Asturies,
la Suisse espagnole ! D'Oviédo à Léon par la pittoresque
montée en diligence du col de Pajares, on y travaille au
chemin de fer.... (article court mais essentiel, voyage
révélateur).

Saint-Saud parti, rentre Alphonse XII : ses chasses de
1882 sont restées fameuses, et racontées, ainsi que son
passage par la Liévana, dans un livre espagnol de D. Llorente
Fernandez, « verbeux et ampoulé », qui appartient à l'histoire
pyrénéiste. Gîtant le 16 août à Andara, montant le 17 au
pic de San Mélar, il vient ensuite aux pics du Fer, où une
fantasia lui est offerte par les traqueurs ; puis va coucher au
caseton (baraquement) d'Aliva sur le Dujé, et monte le 19
sur la crête de la Pène Vieille, *Peña Vieja,* massif central :
grand massacre d'isards. Le soir même, le roi rentre dans
la Liévana, et pressé par la faim, descend à Potés, traversant
Espinama si rapidement que les autorités en sont pour leurs
discours rentrés et leurs bouquets écrasés....

XXIII

1890: SAINT-SAUD.
LA TABLA DE LECHUGALES ET LA PÈNE VIEILLE.

Saint-Saud est pris par le désir d'explorer le haut massif neigeux sous lequel il a défilé. Labrouche a la hantise de la chaîne lointaine et immense entrevue de Biarritz.

Dès que Saint-Saud en a fini avec les Sierras, il enchaîne, sans entr'acte. Labrouche, lui, n'est pas libre à ce moment-là.

Nous avons laissé Saint-Saud après sa dernière campagne de sierras, 10-16 juin 1890 : *Aux rives des Nogueras*; Lerida, Balaguer, le défilé des Terradets dans le Monsech, Tremp, Puente-Montañana, Tolva, Camporrells ; station féerique sur le *Tosal del Monte ;* puis station ultime, la *Sierra de Bolterol,* la dernière visée sur les chères montagnes ! Mélancolique, le tenace voyageur se remémore le chemin parcouru depuis son San-Gervas de 1879 ! Que de fatigues, de privations, d'insomnies ! Mais que de cimes gravies ! Et quel travail utile !

.... L'omnibus le mène à la gare de Binéfar, il dîne à Saragosse, et le surlendemain, du haut du Moncayo en Castille, au soleil levant, il contemple toute la chaîne des Pyrénées, du Cotieilla au pic d'Orhy....

.... Fin juin, il est à Madrid.

.... Et, l'heure des pics d'Europe étant venue, le 3 juillet il prend le train à Madrid, le 4 débarque à Torrélavéga près de Santander : neuf heures de diligence le mettent aux bains de la Hermida sur le Déva — imaginez les Eaux-Chaudes. Le lendemain, départ à âne, six heures pour neuf ou dix kilomètres à vol d'oiseau, sous une tempête de neige — ceci commence mal ! — pour arriver trempé, transi, à

Andara, au baraquement, au *caseton* des mines de zinc, mines *de la Providencia*, gîte digne de son nom : le voyageur y est reçu au mieux, changé, vêtu, réchauffé, soigné.

Après quarante-huit heures de neige, le temps remis, Saint-Saud, qui est au pied du massif oriental, se met en devoir d'en gravir un sommet. Bien inspiré, il laisse le signal de Cortés, auquel il avait pensé, pour s'adresser à son voisin du Nord, la *Tabla de Lechugales* (quelque chose comme Table des Laitues); il tombe sur le point culminant du massif oriental, 2445.

Là il s'aperçoit que ledit massif oriental, qui, grâce aux chasses royales, a pris tant d'importance, au point même de passer pour être presque à lui seul les pics d'Europe, n'est que secondaire ! — Même sa réputation au point de vue cynégétique est usurpée. Les isards, mis en fuite par la présence de l'homme venu pour les travaux des mines, ont émigré dans le massif central.

Le lendemain 8, stationnant le San-Mélar, passant au *Pozo d'Andara,* seul lac de la région dans un site sauvage, il franchit la ligne de faîte du massif oriental, descend sur le pauvre village de Sotrés, remonte la vallée du Dujé, maussade et déserte, arrive au caseton (des mines de la Providence) d'Aliva, et couche dans le lit d'Alphonse XII.

Le 9, avec un guide — qu'il faut guider — Saint-Saud marchant à l'Est, ascensionne, dans le massif central, sans grandes difficultés, le sommet de la *Pène Vieille,* 2615. Il demeure stupéfait et désemparé. A travers les nuages, un entassement de crêtes formidables, empilées les unes sur les autres, « monde effrayant fait, dans un premier voyage de découverte, pour décourager.... ». Sans parler de l'étendue des bases, il y a là soixante-dix ou quatre-vingts kilomètres carrés de sommets, séparés par de vastes *oules* désertes, fermées de murs: telle est la contexture très spéciale de cet énorme massif central. Dans la direction Nord-Est file une série de cimes étranges, les *Moñas*, les Guenons, — ou les *Moñetas*, les Marionnettes.... « Que faire sans vivres, sans monture, seul devant cette immensité ? »

Il redescend, abasourdi et mystifié, vient à **Espinama** dans le fond de la Liévana, se fait conduire au col de Valdéon d'où, pour la première fois, le troisième massif, le massif occidental se révèle à ses yeux étonnés. Passant à Portilla-la-Reina, convoitant la plus haute cime de la Cordillière, la fameuse Peña-Prieta et la manquant à cause du temps, repassant à Potés dans la Liévana, y prenant la diligence, montant par une pluie battante au col élevé et carrossable des Pierres-Lointaines, de *Piedras-Luengas*, et repassant là au Sud de la Cordillière, il trouve immédiatement le ciel bleu de la Castille et la chaleur.... A Aguilar de Campo, il prend le chemin de fer, pour Madrid.

Quelques jours après nous le trouverons au fond de l'Espagne sur la Peña de Francia, et dans le pays des Batuecas et des Jurdes (des *Hourdès*).....

XXIV

1891 : SAINT-SAUD ET LABROUCHE.
LA PÈNE-VERMEILLE. LE DÉFILÉ DU SELLA.

Septembre 1891. Saint-Saud, accompagné cette fois de Labrouche, revient à l'assaut. Les deux amis vont attaquer avec une joie intense : ils ne doutent pas de vaincre les pics d'Europe, et, sensation autrement puissante encore, ils vont explorer, découvrir un pays inconnu, un fragment inédit de la planète.

Et puis, un voyage de Saint-Saud en Espagne, c'est partout traitement de coq en pâte ; relations, protections, tout plaisir.

A la descente du chemin de fer, à Reinosa, les deux voyageurs trouvent pour cicerone l'ingénieur Marcial de Olavarria, directeur des mines de Picayos et de Liordés.

Avec lui, pour commencer, une vraie fête.

Visite aux sources de l'Èbre. « Au fond d'un repli vert et mousseux, il sort, comme le Loir ou la Touvre, dans une vasque claire, et ses eaux fraîches et bouillonnantes vont, à quelque distance, faire mouvoir un moulin. »

Puis une route nouvellement ouverte, de Reinosa à Comillas sur le littoral. Passage de la Cordillière au col du Frontal (ou de Fontibre). Le versant Sud, monotones pâturages, pente douce, presque une colline. Le revers Nord, « un abîme, habillé d'une forêt épaisse, où à grands coups de cognée, sciant de partout des arbres souvent éloignés de l'axe du chemin, les hommes ont fait sauvagement une trace grandiose, sans rien respecter autour d'eux. »

Descente à la côte cantabrique, visite aux ports d'Unquera et de San-Vicente de la Barquéra (Saint-Vincent-du-Bac; les Français s'y sont battus sous le premier Empire. Où les Français ne se sont-ils pas battus?)

Puis, dans l'intérieur des terres, gîte à la mine des Picayos.

Mais il faut en venir au sérieux, attaquer les pics. Saint-Saud ascensionne la *Peña Melleria:* vue de la mer c'est un colosse, deux fois la Haya, deux mille mètres. Ensuite, vue d'un autre pic dominant, ce ne sera plus qu'une taupinière. Il en est toujours ainsi. — Pendant ce temps, Labrouche fait connaissance avec le massif oriental, avec les pics de Hierro (dont un que Saint-Saud toujours galant baptisera *Tiro* — poste d'affût — *de l'infante Isabel)* avec la généreuse hospitalité du caseton d'Andara et de l'ingénieur de Arce. Les deux amis se rejoignent à Espinama.

Le 12, par un chemin, dit de chars, où en réalité les chevaux montent à peine — chemin extraordinaire d'audace, lacets vertigineux, invraisemblables, dans une fente verticale qui n'est qu'un horrible précipice, chemin qu'il faut voir pour y croire — ils montent au caseton des mines de Liordés : dominant la *vega* (plateau fertile) de Liordés. En face d'eux est la Tour de Salinas que gravit jadis Prado. Ils arrivent à en gravir difficilement un contrefort passablement scabreux, que Saint-Saud baptise du nom de leur hôte et compagnon : *Tour de Olavarria.*

Le lendemain, ils partent pour la tour de Liambrion. Brouillard, guide (Juan Suarez) insuffisant quoique grimpeur merveilleux ; bientôt les ascensionnistes sont « à l'ouvrage », comme on dit en langue de sport : cheminées aboutissant à des pics, couloirs « terribles », corniches étroites et lisses, sommet, dans une bourrasque de grêle. Ce n'est qu'un faux sommet, un contrefort du Liambrion, le *Tiro-Liago,* dominé de trente-cinq mètres. Le vide partout. Continuer sans une corde — que l'on n'a pas — serait « un acte de démence ». Au total, échec.

Le 14, par le *col des Neiges* et le *canale* (couloir) *del Asotin,* descente dans le Valdéon. Coucher à Cain, village perdu dans un farouche isolement, chez un méchant curé exilé là pour ses méfaits, vilain homme, rogneux aux Français ; rien à manger, saleté inénarrable.

Le 15, visite aux gorges du Carés, au-dessous de Cain. Puis quittant la « terre maudite » et remontant de deux lieues au-dessus de Cain, sortant des gorges, ils viennent déboucher sur le plateau supérieur du Valdéon, qui a presque la fraîcheur de la Liévana ; de larges chemins le traversent en tous sens, de beaux chars sculptés le parcourent, la population est gaie, aisée, bien portante ; une dizaine de hameaux le peuplent. C'est Posada-de-Valdéon — ainsi nommé parce qu'il y a une auberge, — Soto, Santa-

Marina, etc. — Gîte à Soto, au presbytère : hospitalité excellente, agrémentée de l'arrivée des lettres de France. Toutes les femmes du village viennent dévisager les voyageurs, s'asseoir en face d'eux, leur demandent de causer entre eux en français, et écoutent avec joie le son de cette langue inconnue.

Le lendemain, attaque du massif oriental. De Soto, regardant à l'Ouest, on a sur la tête la Pène Vermeille, ou Rouge (*Penã Bermeja*). Facile avec un bon guide : passé le col du Chien *(del Perro)* les chevaux montent à deux cents mètres au-dessous du sommet. Pour la fin, un peu abrupte, le piolet est bon, à cause des pentes de névé glacé. A travers des brouillards troués, belle vue. L'Océan, couvert ; les vertes cultures et les villages du Valdéon ; les plaines de Castille éclatantes et rouges, aux villages sans nombre. Mais surtout, à une lieue au Nord, la *Peña Santa* et son redoutable sommet, *El Manchon*, le Monceau et ses escarpements « qui semblent défier toutes les audaces ». C'est là qu'il faudra aller ! — Descente à pic dans le Valdéon.

Le 17 est une belle journée. Passer du Valdéon dans le Sajambre. Verts mamelons de la chaîne cantabrique, « on dirait le pays basque » ; rencontre bruyante et agitée de troupes d'hommes, de femmes et de bœufs descendant des campements d'été ; beaux chars asturiens à jantes gothiques, grinçant et cahotant. Passage du *Pan de Ruedas*, et commencement de la descente dans le Sajambre, « pays plus pittoresque peut-être que la Liévana et la Valdéon ».

Et, après le village de Ribota, rencontre d'une voiture envoyée par l'ingénieur d'Olavarria. Alors commence la merveille, le DÉFILÉ DU SELLA, où jadis les chèvres même ne pouvaient passer, où passe maintenant une route à laquelle on travailla plus de vingt ans. C'est la *via mala* pyrénéenne, une des merveilles de la chaîne, entre des rochers hauts d'une demi-lieue. Combien seront-il de pyrénéistes à l'avoir vue, au XIXe siècle ? quatre ou cinq.

Et au bout, Cangas de Onis.

De là, à Covadonga, la terre sainte, la grotte sacrée vers laquelle se hâtent les gens en habit de fête.

Mais l'affaire capitale est de prendre la Peña Santa. Avec un berger chasseur d'isards, Pedro Cos, comme guide-chef, partant de Covadonga et marchant à l'Est on monte, par température torride, au *lac Enol* — le seul grand lac des pics d'Europe — et l'on va coucher dans une haute cabane. A trois heures du matin, départ : névés, il faut tailler ; col, murailles raides, glacier plus raide encore, tout cela, très mauvais ; puis — après hésitations — cheminée verticale, et « le plus horrible passage qu'on puisse imaginer parmi ceux qu'on franchit sans corde ni échelle ». Et arrivés au sommet, la première chose qu'on voit en face, c'est... la Pène Sainte : les effroyables escarpements du *Manchon*, à douze cents mètres au Sud. — Mais, guide, elle est là-bas la Pène Sainte, nous n'y sommes point ! — *Là, on n'y va pas, on n'ira jamais.* — Enfin, sur quel pic sommes nous ? — *C'est aussi la Pène Sainte....* Et il n'y a pas à sortir de là. Baptisons donc ce pic *Pène Sainte de Enol*, pour ne pas confondre. Quelle vue ! Quelle immensité ! la vision bleue sans une tache de brume. Blanche ligne de sable ou bordure de falaises longeant le littoral de cinq pays : Galice, Asturies, Biscaye, Guipuzcoa, et peut-être Labourd, la terre de France, Biarritz ! Au Midi la Castille plate à l'infini, à l'Ouest des mamelons également à l'infini, à l'Est l'entassement cyclopéen du massif des Orriellos.

Dure et épuisante descente dans l'atmosphère torréfiée. Enfin, à la nuit, Covadonga.

Ici menues aventures, visite à la basilique, au musée
Pélage ; conversations téléphoniques pour commander des
chevaux à Cangas (ce mélange de sauvagerie, de Pélage et
de téléphone, très particulier) ; départ, séjour joyeux à la
mine des Picayos avec l'ingénieur d'Olavarria, et finalement,
rentrée en France par la côte d'Espagne.

Dans ce beau voyage, Saint-Saud et Labrouche ont saisi
le cachet d'ensemble des pics d'Europe : massif calcaire,
placé en dehors de l'axe de la chaîne, non décrit encore,
d'une exploration pénible, mais d'une étrange grandeur.
Terrains crétacés, redressements d'une éclatante blancheur,
oules désertes sans végétation où la vie animale n'est
représentée que par des troupeaux d'isards et quelques
papillons ; les eaux des névés et des flaques glaciaires, et des
pluies, s'engouffrant au fond de ces entonnoirs entre les
fissures du calcaire, pour ressortir plus bas dans les riches
terres où les torrents coulent à pleins bords et où les sources
ne tarissent pas, au milieu de prés plantureux et d'arbres
de toutes essences. « Lorsqu'on a quitté le pays de la soif et
de la misère, rien n'est doux, bon et charmant comme de
retrouver, au pied des murailles, ces eaux jalouses qui ont
voyagé souterrainement et jaillissent, fraîches et abondantes,
dans un pays embaumé de fleurs », écrit Labrouche.
  « Mais elle est bien belle aussi, la mauvaise terre, *mala
tierra,* comme l'appellent les chasseurs de la contrée. Dans
ce désert de pierres, alignant le long des oules leurs parois
verticales brisées d'éboulis, les crêtes se dressent avec
fierté, affectant toutes les formes connues et inconnues,
réelles ou fantastiques, cylindres, cônes, pyramides, têtes
d'hommes ou d'animaux, groupes, arbres pétrifiés, les mille
et une fantaisies d'une statuaire extravagante que n'effraient
ni le surplomb, ni le porte à faux, ni le vide, ni le disloqué....
Des sommets ces hautes parois s'avancent en éperons

gigantesques sur des vallées qui paraissent sans fond. La vue s'étend à plus de vingt-cinq lieues : sur l'immense mer, où l'on distingue les voiles des barques et la fumée des vapeurs ; sur les tièdes horizons de Galice où se perdent quelques montagnes à profil moelleux, comme ces hauteurs qui bleuissent dans la plaine de Cordoue ou dans celle de Naples ; sur le plateau de Castille rouge et ensoleillé, tacheté de villages et finissant, dans un gris lumineux très lointain, par une ligne de sierras estompées.

« Le matin et le soir, si des brumes légères flottent dans le ciel clair, toutes les teintes du prisme s'étalent à l'envi autour de vous. Le rouge surtout se nuance à l'infini sur les festons des crêtes ; il rosit, il violace, il noircit, il éclate en splendeurs, il tire un feu d'artifice à fusées silencieuses.

« Car le silence est éternel dans ces régions où rien de ce qui fait du bruit à la montagne ne passe à la surface du sol, si ce n'est parfois le vent. Un homme isolé perdrait le sens de l'ouïe dans la mauvaise terre, et la mort lui paraîtrait plus douce, parce qu'il aurait vécu dans une nature endormie du sommeil des ruines.... »

Mais — magie des couleurs et des contrastes mise à part — alpiniquement la campagne 1891 est un échec. « *L'époque tardive, la brièveté des jours, la médiocrité du temps, et le manque de matériel alpin avaient réduit cette seconde exploration à des reconnaissances de vallées et à des escalades secondaires, pénibles et périlleuses, sans profit égal aux risques.* »

XXV

1892 : AVEC SALLES-BERNAT.
LA TOUR DE CERRÉDO ET LA PÈNE SAINTE.

Alors, en 1892, les explorateurs emportent tout un matériel de campement et d'attaque organisé par Labrouche : tente, lits de camp, couvertures, vivres, corde...; ils emportent surtout un guide de Gavarnie, Salles-Bernat (du couloir de Gaube). C'est le succès certain.

Aussi quel entrain! Labrouche l'a racontée avec un redoublement d'agitation et de feu, cette campagne de 1892! la longue attente d'un train (les trains de Castille sont rares et lents en dehors des express) à la bifurcation de Venta de Baños, les visites à la buvette tenue par des français du Midi; le pittoresque d'un voyage de troisième classe, la seule classe où se saisissent les types et la couleur locale; la descente à Aguilar de Campo, les affaires pour avoir une voiture, le passage à Cervéra, Campo, la fête locale au village de Piédras-Luengas; les Pyrénées cantabriques, vues de ces hauts plateaux, sont des monticules; puis au passage « du plus haut port de Cantabrie » (Piédras-Luengas) qui débouche « sur un abîme de fraîcheur, un précipice de verdure qui s'enfonce dans la mer », un coup de théâtre : les pics d'Europe à travers des déchirures de brouillards, grandis à des dimensions fantastiques et multipliés par un effet de mirage, c'est formidable; l'arrivée de la patache à Potés; la montée de Potés à Espinama, — exquise promenade de sept lieues dans un pays inondé de soleil, pays de prés et de bois — à cheval sous l'ombre rafraîchie par les eaux-vives; la rencontre de Marcial d'Olavarria et de son intendant, à Espinama — ici on est d'ailleurs en pays de connaissance; — la « terrible affaire du déjeûner », les derniers préparatifs du convoi, ceci « plus terrible chose que le déjeûner »; — et enfin le départ de l'expédition pour la terre maudite; suer sang et eau dans le ravin d'Iguédri, passer le col dit Grande Bouche, *Boqueron;* trouver plaine, ombre et eau, et gîter au caseton des mines d'Aliva; le lendemain, départ triomphal, les mineurs émerveillés formant la haie pour voir défiler la caravane, voyageurs, guides; et aussi les porteurs, les *chargeurs-réunis*, comme les a baptisés Labrouche. Ascension du signal de Cortés.

Le lendemain commence le travail sérieux : en somme, jouer les Pics d'Europe en trois coups, Cerrédo, Liambrion, Pêne-Sainte.

Départ pour le grand massif ; par « une de ces bonnes chaleurs d'Espagne » montée sur les blanches et farouches murailles de la Peña Vieja ; passage d'une corniche, que franchit Alphonse XII — sans plaisir, dit-on — sur les épaules de ses porteurs. Et Salles-Bernat de philosopher joyeusement, refaisant du La Fontaine sans le savoir: *il était roi et il était porté, je ne suis qu'un pauvre diable et je porte ; mais lui il est mort, et moi je suis vivant !* Et mettant en fuite cent isards l'on va planter la tente dans le calme de mort de l'*Ollo de los Boches*, de l'Oule des Fossettes, dominant une autre oule tristement close dans sa cuvette de pierres. Soirée grave, tout est muet ; brumes déchiquetées gagnant les sommets.

Le 30 juillet, ascension. (A droite, vers l'Ouest, s'aperçoit le surplombant Naranjo de Bulnés, arrondissant sa panse de ballon dont Labrouche aurait bien envie !) Dure gymnastique sur crêtes déchiquetées et à travers oules. Puis Salles, en vrai guide de Gavarnie, trouve le chemin du roi des pics d'Europe ; le guide Jean Suarez le suit, les voyageurs sont hissés à la corde, et voici les quatre hommes sur la *Tour de Cerrédo*, première ascension : point culminant des pics d'Europe et des Pyrénées cantabriques et asturiennes, 2642 (hauteur entre celles du pic de Ger et du Bisouri). Courte station à cause du brouillard, descente à la corde, et au pas de course, s'égarant parfois dans la brume, retour au campement.

Le lendemain est consacré à déménager, — terrible affaire, dit Labrouche —: transporter la tente au pied du glacier de Liambrion. Soirée autour du brasier, que la pluie glaciale chassée par le vent de mer pique de grésillements. « Accroupis en cercle, nous chantons les chansons de France, celles des Pyrénées de là-bas ; nos hommes chantent celles de leur pays asturien ; perdu à deux mille quatre cents mètres dans cet humide passage où les vents engouffrent les vapeurs en faisant claquer la toile de notre abri, ce concert a quelque chose d'immensément doux. Il est, dans cette solitude désespérante du désert, un éclat de vie. »

Le 1ᵉʳ août, montée du « grand glacier » de Liambrion, arrivée à un contrefort éloigné d'une cinquantaine de mètres au Nord ; pris par la brume on pense à rétrograder, Labrouche demande un sursis, trois heures de grâce, jugeant que le vent marin dissoudra les nuages. Et en effet, après ces trois heures de station un grand trou bleu se fait dans le ciel, puis à dix heures les dernières brumes se déchirent. Salles — suivi de Bernardo Garcia — repart, pieds nus, sur une invraisemblable corniche, le vide affreux s'ouvre au-dessous ; et plus loin, la muraille sans saillie, presque en surplomb. On hisse les voyageurs à la corde, on hisse tout, même les jumelles. Et le Liambrion est atteint. (L'itinéraire de Prado, par le côté opposé, paraît plus long, mais moins âpre.) Vue superbe : la mer bleue, la Peña Santa attirant les nuées, les cirques majestueux du massif central allongés en tout sens, avec leurs dentelures, leurs larges coulées de neige ; des pointes sortent de la mer moutonneuse des brouillards. A la descente, Bernardo reprend la ligne d'ascension pour aller recueillir les bagages ; mais Salles qui ne doute plus de rien veut une variante, un autre mur ; il largue les voyageurs à la corde — trop courte d'ailleurs, de sorte qu'ils restent suspendus dans la fente et ont bien du mal à se réembarquer sur la glace ; — pour lui, jetant la corde, il descend : comment ? miracle. Puis la difficulté s'atténue, et l'on revient lever

le camp pour aller passer une triste nuit dans le délabré
caseton de Liordés.

Le 2, départ pour Soto de Valdéon. Chemin faisant,
station de la *Peña Remoña* 2237. Au col de Remoña vue
subite sur la chaîne cantabrique. Puis contraste plus extraordinaire que nulle part : d'une rue de géants sans transition
on sort sur une campagne verte ; la roche cesse net, ce ne
sont plus que croupes jaunies de bruyères, fleurs, eaux,
couleurs ; il y a des arbres. Voici l'aimable Valdéon, les
larges chemins, les chars sculptés, avec leurs charges de
foins, les maisons à grands toits, à porches sculptés, les
greniers suspendus sur piliers ; le bon gîte ! Et immédiatement chercher un guide pour la Pène Sainte : le voilà, il
s'appelle Vicenton, et déclare l'ascension impossible.

Mais les deux explorateurs, ayant trop à faire, doivent se
diviser le travail, se séparer. Il faut aussi aller viser sur la
Cordillière, au pic Gildar : ce sera l'affaire de Saint-Saud,
qui est père de famille. Pour la Pène Sainte, il y a des
risques : Labrouche, célibataire, y a droit.

Le lendemain, par une journée toute lumineuse, Saint-
Saud part pour le pic Gildar.

Salles, Vicenton, Labrouche — les bagages mis sur une
malheureuse bourrique qu'on exténue de fatigue et de
coups — passent le col du Chien et au delà, dressent la
tente sur un plateau. Salles et Vicenton partent en
reconnaissance : Labrouche tout en préparant le dîner
se livre au charme exquis de vivre quelques heures seul
sur cette terre étrangère, dans ces rochers immenses, sous
ce ciel. Les guides reviennent, Salles avec ce mot classique :
ce n'est pas bien joli !

Le 4, à six heures du matin l'ascension est attaquée. Elle
est « Meije » à souhait. Les guides restent déchaussés

VI   8

pendant quatre heures. D'abord, le mur, escalade ; ce n'est
encore que la moindre affaire. Puis la crête en rasoir, qu'un
isard ne suivrait pas. Enfin la dalle, la dalle lisse, de six
mètres, qui ferme la route. Labrouche est très angoissé ; pas
pour lui, si son guide passe il est sûr de passer sans danger,
à la corde. Mais risquer là-dessus un père de famille, est-ce
vraiment permis ? Et Salles, lui, s'attaque à cette rude
glissoire, de biais, s'accrochant par l'adhérence des pieds,
des mains, du dos et de tout ! C'est fait, le voilà en haut, il
hisse ses compagnons. Et l'escalade continue, de saillie en
saillie. « Hourra ! nous la tenons, la Peña Santa, *el Manchon*,
la tour sacrée où il y a une fontaine qui coule toujours... et
qui n'existe pas. Sublime impression de dominer le sommet
le plus haut de l'extrême Europe, un sommet qui n'a son
égal à l'Ouest qu'à quatre mille lieues plus loin, dans les
Montagnes-Rocheuses ; inoubliable beauté des horizons
bleus et rouges, de la mer claire frangée d'écume et bordée
de villages blancs, des profondes plaines de Castille
vermeilles et échauffées, des masses raides et empesées qui
dressent leurs prodigieux amoncellements de tours et de
cônes, du côté de la France ! » Et aussi, souvenirs épiques :
« ces cavernes ont abrité Pélage, ces neiges abreuvé ses
partisans, ces pierres armé des héros.... La Peña Santa est
le sanctuaire des Pics d'Europe.... »

Le sanctuaire vient d'être un peu profané. Les Pics
d'Europe sont bel et bien vaincus. Après quatre ans de Saint-
Saud et de Labrouche, ils sont comme la Collarada après
quatre ans de Wallon : épuisés subitement.

Et maintenant, vous savez votre Benjamin Constant ?
et vous vous rappelez la pensée d'Adolphe après la
conquête d'Ellénore ? finir.

Labrouche rejoint Saint-Saud à Soto. Il leur faut encore

une station géodésique de premier ordre sur la Cordillière, l'*Espigueta,* limite de Léon et de Palencia. Leur convoi met deux jours de marche pour l'atteindre ; ils arrivent le soir, haletants et fourbus, un peu ivres de grand air, dressent la tente, savourent le coucher du soleil. Au matin quand le soleil se lève, apparaît un instant très court, comme une ombre chinoise sur le verre grossissant des jumelles, le profil dentelé et inextricable des Pyrénées vues par la face Sud. Le soleil monte, illumine la Castille infinie ; au Midi, surgissent des chaînes perdues qui ne se distinguent qu'à la longue vue et dont la silhouette pâle se perd dans un extraordinaire éloignement ; villes et villages tachent de points blancs le plateau jauni ; des torrents chatoient à travers le pays brûlé ; tout au loin Riaño, le chef-lieu, dans une plaine arrosée que des peupliers ombragent ; le village de Valverde s'éveille, ses cloches tintent, c'est dimanche... ; à l'Ouest un immense cône d'ombre, l'ombre de l'Espiguète, raccourcissant à toute vitesse ; les pics d'Europe se dressent roses et dentelés ; dans la trouée d'Aliva une ligne bleue laisse deviner la mer....

Et puis à la descente, voici que les guides, Vicenton en tête, déclarent aux voyageurs qu'ils en ont assez, qu'ils ne feront pas une lieue de plus et qu'ils les plantent là. — A défaut de dévouement ces guides ont le sentiment qu'il faut savoir finir !....

Des heures de marche ; encore Cervéra à onze heures du soir, arrestation par les gendarmes, puis subitement ceux-ci font des excuses à « Messieurs les ingéniéros » : ils ont vu les piquets de tente — le prestige des ingénieurs, en Espagne, est immense. — Aguilar de Campo ; Labrouche s'offre un bain dans le Pisuerga. Et au train....

Pour dire vrai, Saint-Saud revient encore en 1893, compléter ses levés. Même que la première nouvelle qu'il apprend à Espinama, c'est la mort du méchant curé de Cain, remplacé par un aimable jeune prêtre. Du 9 au 20 juillet il mène la vie au cœur de la chaîne, le voilà à l'oule Pleureuse *(ollo Lloroso)*, au col de la Fontaine-Cachée, *Fuente-Escondida*, au col Vert, à Aliva, au village de Bulnés, puis au village de Sotrés perdu dans sa gorge formidable (hospitalité chez le curé, gros propriétaire, agriculteur et chasseur), puis de nouveau Andara. Et dans cette tournée circulaire ayant stationné nombre de points nouveaux entre 1500 et 2400 *(la Mesada, la Rasa, Val de Coro, Abenas, Lalbo* 2417, *Carbonal, San-Liano, Deboro, Grajal,* et enfin l'*Inagotable* 2302), ayant revu par l'Est le Naranjo de Bulnés, toujours inaccessible, à moins que, au dire du guide, on n'ait huit jours de travail préalable pour lui poser des crampons (le Naranjo de Bulnés restera à faire pour le xxᵉ siècle). — Mais ce n'est plus le moment incomparable de la première révélation des pics d'Europe et de leurs sommets dominants.

En tout vingt-quatre stations.

Et alors les publications :

Les Picos de Europa, étude orographique par le comte de Saint-Saud et M. Paul Labrouche, partie cartographique (canevas au 100.000ᵉ) *et calculs* (deux cent cinquante cotes de hauteur) *par le colonel Prudent*. Extrait de l'*Annuaire* du Club Alpin de 1893, 42 pages, figures, et le document décisif, la carte des Pics d'Europe. Relation brève et parfaite. Mais ce n'est qu'une charpente, sans ornement et sans pittoresque.

Aux Pics d'Europe, par P. Labrouche et le comte de Saint-Saud, deux livraisons du *Tour du Monde,* 17 et 24 février 1894. Relation étendue, pittoresque — l'intérêt n'est pas dans les seules pointes des pics, il y a les escarpements, les vallées, les villages, les populations, les types,

les mœurs, les moyens primitifs de transport, les mines,
Covadonga, le tombeau de Pélage, etc. ; les nombreuses
illustrations mettent ici les Pics d'Europe sous les yeux de
tous. — Et il n'y a pas à s'y tromper, ceci est un des écrits
capitaux du pyrénéisme.

*Excursions dans les sierras d'Espagne : Pyrénées
asturiennes et Pics d'Europe, par Paul Labrouche et le
comte de Saint-Saud.* Extrait de la *Revue des Pyrénées*,
1895, 64 pages. La forme est plus familière, récit enjoué et
vivant; l'enthousiasme méridional de Labrouche, extrême :
non seulement le chapitre de la Pène Sainte est intitulé
Autour de la Meije asturienne (la Meije a décidément
médusé les alpinistes de la fin du XIXᵉ siècle), mais les
chapitres de la Tour de Cerrédo (2640 mètres) et de la Tour
de Liambrion (quelques plaques de glace) sont intitulés:
*Autour du Mont-Blanc asturien, Autour du Mont-Rose
asturien!* (Ah, s'il y avait des dessins de Gustave Doré!) De
verve Labrouche nous fait tomber de Cares en Sella. Il se
grise et nous étourdit de son plaisir, et de mille menus
faits. C'est sa qualité.

Et encore une conférence de Saint-Saud *(Bulletin Sud-
Ouest).*

Et encore : *D'Oviédo à Santander,* par Saint-Saud
(Annuaire du Club Alpin de 1894). En 1894, Saint-Saud a
voulu — sous prétexte de le montrer à son beau-frère —
revoir le beau pays de ses exploits. Et voici Oviédo, Villa-
viciosa, Riva de Sella, Cangas, Covadonga, Llanés, Unquéra,
et une pointe vers le Nord pour admirer le défilé du Déva...
qui arrache au beau-frère des cris d'étonnement, et le plaisir
de nommer les pics un moment aperçus: Lalbo, les Moñetas,
le Naranjo, le Cerrédo lui-même, — coucher à la Hermida,
— revenir à Saint-Vincent du Bac, et avant de suivre sur
Santander, un dernier coup d'œil à ces Pics d'Europe aimés
« d'amour intense »....

XXVI

ALBERT TISSANDIER.

Voulez-vous simplement sur les Pics d'Europe un résumé extrêmement bref et bien fait. Prenez-le dans la *Nature* (n° 1171, 9 novembre 1895). Il est signé d'un des grands vulgarisateurs des Pyrénées.

Imaginez — comme dirait Mme de Sévigné — la chose la plus invraisemblable, la plus... etc.

Par exemple : étant donné qu'il y a dans le pyrénéisme un voyageur ayant fait seize mille lieues à travers l'Asie et l'Océanie et qui habite Pau, imaginons que dans le pyrénéisme il y a un second voyageur ayant également fait seize mille lieues à travers l'Asie et l'Océanie, et qu'il habite également Pau....

C'est la réalité. A Pau, rue Marca, le comte Russell. Près de Pau, villa aux Bois (l'été seulement), Albert Tissandier (frère de Gaston Tissandier, le survivant de la catastrophe du ballon *le Zénith* et le fondateur du journal *la Nature*).

A Albert Tissandier, dans le monde pyrénéiste, la palme des voyages, car, étant aéronaute, d'entrée de jeu il a fait un nombre formidable de kilomètres dans les airs, avec montées à 4000.

Nansouty l'appelle au pic du Midi en janvier 1879 ; ascension très dure et dangereuse. Et voici Albert Tissandier pyrénéiste passionné, et vulgarisant les Pyrénées dans *la Nature* par une série de brefs articles illustrés : *Visite au général de Nansouty, Construction de l'Observatoire,* (1879), *Ascension au Néthou* (1880), *Vallée d'Arraces et Mont-Perdu* (1880), *Vignemale et vallée de Niscle* (1881).

Albert Tissandier est un fanatique des Pyrénées, de Gavarnie, du Mont - Perdu, du versant espagnol, et des longues campagnes qui durent des semaines, à pied — avec Pujo pour guide — et au bivouac sous le ciel aragonais.

Mais d'autres mondes l'appellent, les États-Unis, l'Utah, l'Arizona, le parc de Yellowstone ; et lui qui naguère comme Schrader dessinait de la pointe de Diazès le cañon d'Ordéça, il dessine maintenant de la Pointe Sublime les cañons du Colorado.

En juin 1889, sur les indications de Saint-Saud, qui lui fournit un plan complet, il fait avec Pujo et Gregorio Pascual le voyage de Gavarnie à la Seu d'Urgel par l'Espagne. — Torla, Broto, Sarvisé chez don Blas Ballarin, Buesa, Fiscal, La Guarta chez José Villacampa, Apiès, Aineto, Lusera et le *Salto de Roldan*, Yaso et son panorama grandiose sur la plaine de Huesca et la sierra de Guara, les grottes de Solentia, le rio Alcanadre, Rodeillar et ses gorges, Bagueste et sa belle vue sur le Marboré, les splendides rochers de Sasa-Ourta d'où se voit le Posets, Meson Sevil, Alquezar et sa curieuse forteresse arabe, le défilé d'el Tremon, Naval, Olveña et la gorge de l'Esera avec son pont vertigineux, Benabarre, les gorges du Monsech, Alsamora, Tremp, Pablo de Segur, le défilé « sans égal » de Colldegats, Gerri, le pays catalan, différent, fécond en vues admirables, la vue splendide au col de Bou-Mort, Organya, les défilés du Sègre, Coll de Nargo, Urgel, passent sous ses yeux émerveillés. Il sort d'Espagne par l'Andorre (médiocre). Et il résume ce voyage dans le numéro 1523 du *Tour du Monde* intitulé *Excursions dans les montagnes de l'Aragon et de la Catalogne* — avec illustrations, bien entendu. Et ce voyage résume la majeure partie de l'exploration des Sierras. C'est donc là un texte très précieux.

Puis voici qu'Albert Tissandier est au Japon et monte le

Fusi-Yama. Il est en Océanie. Il est longuement dans l'Inde, et avec une mission officielle il est en Indo-Chine, au Cambodge, à Java (et en Australie), 1892-94.

Puis — sur l'indication de Saint-Saud encore — il est aux Pics d'Europe, 1895, le crayon à la main toujours; il dessine les défilés du Sella.

Les trois plus remarquables séries de documents pyrénéistes graphiques : les minutes de la carte d'État-Major, la série des disques de l'orographe de Schrader, les dessins à la mine de plomb d'Albert Tissandier.

APRÈS CENT ANS
(suite)

XXVII

PYRÉNÉISME LACUSTRE. — BELLOC.

Comme Gringoire rue des Bernardins, Labrouche a
« plusieurs bonnes idées de suite ».

Allant aux Pics d'Europe, il organise un matériel de
campement. Revenu des Pics d'Europe, il l'utilise, en y
ajoutant un bateau Berthon, pliable et transportable, et avec
son petit navire va canoter sur les hauts lacs.

En 1893, Izaby, et le lac Bleu — la petite *mer* de
Bizourtère — où il se donne la sensation « atrocement
agréable » de fendre ces masses profondes en sentant sous
soi le vide terrible sur lequel on flotte : mais *Lapin* — le
bateau — se comporte bien *(Sur les lacs de Barèges,* dans
le *Bulletin Sud-Ouest:* long récit, presque exclusivement
de garniture, de menus faits personnels).

En 1894, il opère en plus grand, sur les lacs d'Aure
dont il a la hantise. « Ils m'avaient grisé d'éclat et de
relief, de désert et de verdure, de variété et de majesté, ces
grands étangs, suspendus entre des sapinières et des
pelouses, des murailles et des glaciers, des chaos de pierre
et des mamelons de fleurs. Orédon, qui a noyé sous ses

eaux une forêt visible dans sa pure nappe ; Aubert, dont les quatre bassins et l'île boisée tremblent au choc des cascades du Néouvielle ; Aumar, le plus haut de tous, qui étend sur un plateau herbu des promontoires plantés de quelques sapins noueux. Ces lacs m'avaient laissé sous le charme d'un tout magnifique et inconnu, digne d'être admiré jusqu'à lassitude. Je savais qu'il y en avait d'autres dans ce pays, et je voulais voir s'ils étaient les mêmes et quelles merveilles nouvelles se cachaient dans le silence de leur clapotis changeant. » Voilà le thème, original et captivant : développez de verve et vous aurez *Sur les lacs d'Aure* (Bulletin de la *Société académique des Hautes-Pyrénées,* Tarbes, 1895).

L'ossature du récit est d'intérêt, surtout la semaine passée sur le terrifiant Capdelong, agité comme un détroit et capricieux comme une barre ; Capdelong où tombe à pic le Néouvielle ; Capdelong désolé, dans un écroulement lugubre, où l'on vogue sous la neige, dans une sublimité sans égale.... Ascensions du Néouvielle, Pic Long et Cambieil, « toute une région sinistre, parsemée de névés, de laquettes, de chaos ; ce type morne de tant de plateaux neigeux, les mêmes dans toutes les chaînes ; l'altitude seule varie avec les climats, l'aspect est uniforme ».

Puis on plie bagage, on passe dans la vallée de Louron, la gorge de Clarabide, Aygues-Tortes « désert horrible et nu ; pente monotone, raide et désolée », on passe en Espagne et on monte au Posets.

Ah ! il est présenté ici sous un aspect nouveau et réaliste, ce Posets, l'énorme Posets, cime farouche, perdue bien loin ; région affreuse, et montée désespérante : marche de flanc sur des parois mal commodes et des lits d'avalanches, et trois longues heures sur une pente monotone, entre des pierres et des névés....

Et nous commençons à comprendre pourquoi à ce Posets parfois tant vanté l'on vient si peu....

Puis retour en France par le port de Plan, et pour finir, campement dans le splendide Roumajou. *Le merveilleux endroit pour passer une semaine s'il y avait une auberge!* a dit Russell. Eh bien, voici l'auberge — à côté de l'horrible hospice — c'est la tente avec le matériel, lits et vaisselle. « Je ne me souviens pas d'avoir vécu d'une vie meilleure » reprend Labrouche. Après-midi enchanteresse de flânerie et de soleil. Le lendemain avec Salles-Bernat, le pic d'Ariouère, et un éblouissement de lumière et de montagne, tous les grands massifs, des Monts-Maudits au Balaïtous, miroitant dans la buée bleue....

Et malgré cela, l'homme des lacs pyrénéens c'est Belloc. Emile Belloc, né à Toulouse, violoniste de premier ordre et qui ne veut pas qu'on le dise, pyrénéiste de première érudition et qui ne veut pas le laisser voir, quelque peu « délégué de la section des Pyrénées Centrales du Club Alpin Français auprès de la Direction Centrale » et qui cache soigneusement ce titre volumineux : Belloc, savant, modeste, avenant, et dans le pyrénéisme faisant partie, lui aussi, de la Pléiade. A lui les lacs, la connaissance de leurs diatomées, algues, flore, faune, l'étude de leur origine, formation, comblement (et ainsi il prépare la partie pyrénéiste de l'ouvrage de l'ingénieur Delebecque sur la matière). Muni d'un bateau Berthon et du « sondeur Belloc », officieusement d'abord puis en mission officielle il couvre certains lacs pyrénéens de triangles flottants, les mesure, les sonde, les cartographie — rendant ainsi service aux ingénieurs qui les massacrent ou se préparent à les massacrer — et les décrit dans une série de brochures éditées par l'Association pour l'Avancement des Sciences, sous le titre collectif: *Explorations sous-lacustres. (Le lac d'Oo, sondages et mesurages,* 1890. — *Description de quelques lacs des Pyrénées franco-espagnoles,* 1894, lacs des Monts-Maudits et de la Haute-Catalogne : l'énumération est importante. — *Les lacs de Caillaouas, Gourgs-Blancs, Clarabide,* 1894 ; carte du lac Caillaouas, profondeur maxima : 101 mètres. — *Etudes sur les lacs intraglaciaires.* — *Nouvelles explorations lacustres.* — *Seuils et barrages lacustres.* — *Les Lacs du massif de Néouvieille:* énumération des cinquante-six lacs, dont quelques-uns en 1895 ne sont pas encore entrés dans le pyrénéisme ! par exemple les lacs de Bastanet...; carte du lac d'Orédon, exécutée en cinq campagnes. — *Les lacs de Lourdes et la région sous-pyrénéenne* 1896.)

Et dans l'*Annuaire* du Club Alpin de 1894 : *Recherches orographiques et lacustres dans les Pyrénées centrales.*

Ici, comme ce serait le lieu de ressusciter le timide prédécesseur de Belloc, le naturaliste-géologue-sondeur Nérée Boubée, pour lui montrer comment il eût dû opérer. La voilà l'*excursion des quinze lacs,* celle que Boubée indiquait sans conviction et même en la déconseillant : Gourgs-Blancs, lacs des Cirques d'Oo et du Lys ; et de nouveau la carte du lac d'Oo, profondeur maxima 67 mètres. En passant, la réfutation de ceux qui ayant mal compris le texte de Ramond, disant que la cascade tombait dans le lac, veulent en tirer qu'en 1787 la cascade tombait *dans l'eau* du lac.

Pour finir, Belloc avec son matériel, monte de Luchon aux lacs du port de Vénasque, navigue et sonde une journée, et révèle que le lac supérieur, le plus grand — mais si petit au jugé — a 424 mètres de long, 308 de large et 46 de profondeur.

Il a douze hectares, *et Boum d'et cap d'et port :* le lac du sommet du port.

Au contraire de Boubée qui baptise les cascades au gré de son caprice, Belloc, qui sait le patois, entame une campagne originale pour ramener à leur orthographe et à leur sens les noms de lieux pyrénéens, privés par leur corruption en français de toute physionomie et signification.

D'abord, *et, èra, ès, ères: le, la, les*. — *Es Posets*, les Puits; dire *l'ès Posets* n'est qu'un double emploi, comme *lac des Gourgs blancs, gourg* étant déjà *lac;* (et cependant dire *les Posets sont superbes*, en mettant au pluriel une montagne essentiellement une, est monstrueux). Le Spijeoles: *ès Pitcholès*, les petites rigoles. Espingo: *ès Pingots*, les pins. Le port d'Estaouas, *d'ès Taouas*, des taons. Parce que le Crabioules est le pic des Chèvres, on a baptisé le haut cirque du Lys le Clos des Biches: lisez *clot d'ès Pitchés*, mur des rigoles. Ainsi de suite: lac de Rieux, lisez *dels Rious*, des ruisseaux; et finalement le Néthou est l'Anéto, le pic du village espagnol de ce nom.

Ceci est spéculatif: quant à faire passer dans la pratique *Boum d'et Séculetjé* pour lac d'Oo et *Boum d'et cap d'et port* pour lac du port de Vénasque, il y a loin. Et *Anéto* même — bien qu'il commence à être souvent employé, après l'avoir déjà été autrefois dans l'ancien pyrénéisme. — On ne s'aborde pas aux Quinconces en demandant: *vous allez demain à l'Ancto?* — Mais, dit-on, « Néthou » n'est pas un vrai nom. Soit! pas plus que Londres, Munich, Florence: il y a London, Munchen et Firenze; qu'importe? Anéto, d'ailleurs, n'existe pas davantage.

Car voici le piquant: à la prononciation avec l'orthographe vraie, les Français, qui mettent l'accent tonique invariablement à la fin et ne soupçonnent pas un *o* et un *ou* muets, *s'éloignent de la vraie prononciation*. Ils disent *Esses Picholesses*, alors qu'on prononce presque Spijeoles; ils prononcent *Anétau*, au lieu d'*Anète:* Néthou en était plus près; Perdighero se prononce Perdighère, et non *Perdighérau*. Le guide de Ramond ne fut jamais Rondo,

Rondau : mais *Ronndou, (ou* muet), *Ronnde,* le petit homme rond....

Et puis, en toponymie, une autre difficulté : sur la signification d'un nom les toponymistes ne sont presque jamais d'accord....

De Belloc *(Annuaire* de 1895) un important article : *Du plateau de Lannemezan* au glacier des *Gourgs-Blancs.*

Que de descriptions sont venues tard, très tard, dans la littérature pyrénéiste ! Après un siècle, voici enfin une monographie de la gorge de Clarabide !

De feu la gorge de Clarabide, car elle n'existe plus, à l'état de danger. Le chemin fait par les ingénieurs vient d'être ouvert. La *Saintette* de l'ancien chemin dangereux, statuette de la Vierge protectrice dans sa petite niche, a été doublée d'une nouvelle *Saintette* sur la nouvelle route admirable, qui, surplombant le précipice ou mugissent les eaux, monte calmement au pont de la Soula. Supprimé, le passage redoutable, le fameux Parédou ; en 1893, Belloc avait encore franchi presque dans la nuit cette paroi humide et glissante, de cinquante mètres de long, collé à la muraille vertigineuse, s'accrochant aux rares saillies du rocher. Voici la cabane de la Soula, refuge de sorcières, au confluent des Nestes de Clarabide et des Gourgs-Blancs, cirque sauvage avec pins et cascades, infiniment pittoresque.

Et voici la maison de garde, au bord de ce magnifique et peu banal lac de Caillaouas, dans lequel, sous la direction des ingénieurs Fontès et Malterre, on va prélever pour le bonheur des régions inférieures une tranche de vingt-cinq mètres « par décantation ».

Décanter Caillaouas !
Ah par exemple !

Comme dirait Gavarni : *c'est ça qui donne une crâne idée de l'homme.*

Hélas !

Suit une très belle description monographique — photographies à l'appui — de la merveilleuse région des Gourgs-Blancs — d'ailleurs dégelés, devenus les *Gourgs-Bleus,* d'une transparence admirable ; — le soleil resplendit sur les crêtes foudroyées, sur les montagnes écîmées, sur les espaces désolés recouverts d'une couche épaisse de rocs fracassés, de grandes nappes de névés et de glaces éternelles.... — Retour par la région d'Oo....

Ceci est un document essentiel. Caillaouas — bien que décanté — et les Gourgs-Blancs : admirable pays, et qui restera mystérieux. Hors de la portée des stations thermales et de la vulgarisation.

Puisque nous en sommes au vandalisme, ouvrons (dans l'Annuaire) la note sur la feuille 6 (Encantados) de la carte de Schrader, parue en 1893, avec une bien curieuse vue du massif du Montarto et des Encantados prise du Sud, du sommet de Monseny, et de la partie la plus grandiose de cette région lacustre, celle des lacs de Capdella. Après avoir rappelé que toutes les vallées de cette région étaient jadis magnifiquement boisées, comme le versant méridional des Pyrénées dans son ensemble, et que les forêts ont disparu à mesure que les voies de communication pénétraient dans la montagne, Schrader ajoute :

« Nous avons assisté nous-même à une partie de cette œuvre de dévastation — heureusement interrompue — des merveilleuses forêts de San-Nicolau au-dessus de Bohi. Le souvenir de cette « mise en valeur du sol » ne s'effacera jamais de notre mémoire ; disons seulement que, de ces milliers de troncs de sapins jetés dans l'écume du Rio

Noguera, il n'est pas arrivé la centième partie aux quais de
Barcelone ; cette dévastation sauvage n'a eu d'autre résultat
que la ruine des montagnes et des entrepreneurs, la désagré-
gation des pentes et l'établissement du régime torrentiel.... »
Hélas !

XXVIII

LE PIC D'OSSAU PAR L'OUEST.

En 1894, Vincent Cénac, le 12 janvier, tentative au
Cabaliros par Estaing; février Alian, Pibeste; mars, la
Brèche et le Pic entre les Brèches par un beau verglas, etc.,
etc.; octobre, pointe de Plarrouy de l'Arribère 2700,
inédite, Tuque des Izardères 2800 au Nord du Chabarrou.

Brulle, en 1894, est allé faire la haute difficulté en
Angleterre, sur les morceaux d'épreuve où s'exercent les
grimpeurs : le Scawfel Pinnacle et l'aiguille Napes. Revenu
aux Pyrénées — avec un nouveau piolet, *Cumberland,* qui
remplace *Fleur-de-Gaube* usée par de loyaux services
(Fleur-de-Gaube et Cumberland ! Joyeuse et Durandal) ; et
reprenant les « vieux pays, courses nouvelles » il monte
avec de Monts au Roc d'Estaubé, à la Pointe de la Fenêtre,
2650, *la lutte fut chaude,* et au pic de Pinède (comme
Schrader a monté celui-ci par le Sud et Harlé par le Nord,
Brulle le prend par l'Est, avec de Monts : alors il est dur à
souhait, par une longue crête qui fournit littéralement
quatre pics à escalader plutôt qu'un ! *quatre heures de
très bon sport pour s'élever de deux cents mètres : le
Mont-Perdu ne paraît de nulle part plus en valeur*) ; au
Marboré par le glacier du Marboré, variante, avec d'Astorg :
nous nous mîmes énergiquement à l'ouvrage, et ici tout
le grand jeu, taille à revers de bras, mise à la corde,

mitraillade de pierres, cheminées raides, curieuses et inexplorées, tentatives infructueuses pour aboutir directement, risque de faire rouler sur soi un énorme bloc ; finalement, se contenter du chemin ordinaire ou à peu près »....

Ce travail de haute école des alpinistes de course, est, tout comme celui du manège, composé d'un très petit nombre d'éléments toujours répétés.

En 1895, août ; Brulle et d'Astorg : *Tour du Marboré par les étages du Cirque et la crête orientale ;* impossible de forcer la dernière muraille, nécessité de rejoindre le glacier de la Cascade ;

Taillon par le Nord ;

Pic Rouge de Pailla par l'arête qui part de la brèche d'Allanz. Brulle note : *extrêmement difficile* (un extrêmement difficile de Brulle, qu'est-ce que ça doit avoir été!) six heures et demie pour escalader moins de trois cent cinquante mètres.

Tout ceci est de plus en plus cherché et forcé.

Allons, décidément (bien qu'il y ait une jeune école nouvelle qui n'admette pas la fin, ou du moins ne l'admette que lorsque chaque pointe ou sous-pointe de pic aura été faite par chaque face et aura sa fiche établie), le sujet s'épuise....

Mais il faudrait finir élégamment. Bien fermer le cycle des ascensions de grands pics.

La solution va être parfaite : le cycle se fermera au point même où il a été ouvert.

Où fut la première ascension de grand pic difficile ? Le Quairat mis à part, au pic d'Ossau par l'Est, 1796.

Où la dernière ? Juste au bout du siècle, au pic d'Ossau par l'Ouest, 1895.

Brulle, d'Astorg et Célestin en eurent l'honneur.

Le texte suprême de Brulle contraste avec Delfau par sa tranquillité.

« Pendant un court séjour à Gabas, une belle journée égarée dans la fin de juillet nous permet de monter au pic du Midi par les escarpements de l'Embaradère, versant de Bious-Artigues. L'endroit est connu des chasseurs d'isards, mais je n'ai pas entendu dire que des touristes soient déjà montés au pic de ce côté. Si oui, nous nous effaçons humblement. Nous commençâmes par nous égarer dans une forêt, un enchevêtrement de ravins, de blocs, d'arbres renversés dont nous ne pouvions nous dégager. La paroi de rochers ne fut pas difficile. Vers le haut, un isard affolé revint sur nous passant à dix mètres, bien profilé sur le ciel. C'était là l'Embaradère : nous y trouvâmes un ou deux jolis motifs d'escalade sans cependant avoir à nous employer sérieusement. »

Et voilà. *Amen.*

XXIX

LA QUESTION SÉCULAIRE: LES GLACIERS.

Cent ans après Ramond, les questions initiales de Ramond : *loi de l'oscillation des glaciers ; — dans les Pyrénées y a-t-il des glaciers ?* (modifiez : *combien y a-t-il de glaciers ?*)

Sur les questions des glaciers pyrénéens, leur étendue, leur retrait dans le dernier quart du XIXe siècle, une série d'études : Trutat, Degrange-Touzin, Michelier, Russell, Lourde-Rocheblave, etc.

Nous avons vu Henri Passet allant jalonner les glaciers pour le compte du prince Roland Bonaparte, en vue de l'étude des *variations périodiques des glaciers français* (dans l'*Annuaire*). Cette mise en observation n'a duré que deux ans, 1891-92, trop peu pour fournir des données décisives, assez pour saisir les glaciers en flagrant délit de mouvement et d'agitation. Aux Pyrénées, les uns ont reculé, d'autre avancé un peu, d'autres se sont gonflés par le haut — la villa Russell en sait quelque chose —; notamment, d'une année sur l'autre, le bourrelet supérieur de glace au Nord du Mont-Perdu (côté Tuquerouye) a augmenté de moitié, dans la proportion de deux à trois. (Voir aussi, sur une chute de neige exceptionnelle : *les Neiges dans les Pyrénées en janvier 1895*, par Trutat, dans l'*Annuaire*, elles furent formidables : deux mètres à Luchon, Gavarnie bloqué. Voir l'*Hiver à Gavarnie* de Lourde-Rocheblave. *Bulletin Sud-Ouest.*)

La science de la marche des glaciers est encore embryonnaire ; mais elle a ses ambitions : dans le Nord du monde elle croit surprendre les périodes d'extensions et de retraits des XVIIᵉ et XVIIIᵉ siècles.... Pour être plus modeste : aux Pyrénées, extension au premier tiers du XIXᵉ siècle, retrait à partir de 1856, un retour offensif vers 1890.

Et voici que, sur les questions de Ramond, intervient Schrader (toujours Ramond est en lui) avec sa note : *Sur l'étendue des glaciers des Pyrénées* (1894, *Annuaire*). Son avis est brutal comme un chiffre — c'en est un —: aux Pyrénées il y a 3366 hectares, 34 kilomètres carrés de glaciers, en planimétrie ; mettons 40 avec l'inclinaison ; et encore quelque chose pour tenir compte des petites taches de glace. Et puis, pas un iota de plus.

Il y en aurait, du reste, assez pour alimenter pendant un an la Garonne coulant à pleins bords.

Et quant au retrait des glaciers, continue-t-il, il faut excessivement se méfier. Pour connaître le retrait exact, il faudrait connaître l'ancienne étendue exacte. Or, nos renseignements là-dessus n'ont pas la rigueur scientifique.

Se méfier des expressions pittoresques : Ramond voyant la cascade d'Oo tomber dans le lac ; Ramond voyant le glacier Nord du Mont-Perdu tomber dans le lac de Tuquerouye : littérairement, pittoresquement et en perspective c'est vrai ; rigoureusement c'est faux : entre le lac de Tuquerouye et le pied du glacier il y a un vallon ! Se méfier des mesures vagues comme celle de Charpentier et des douze kilomètres de glaciers. Au commencement de l'été on voit les glaciers avec leurs prolongements et liserés de neige, on les trouve énormes ; en fin de saison les glaciers déneigés, réduits à la pure glace, crevassés, sales, tristes, font l'effet de s'être rétractés et d'avoir subitement laissé au jour des bourrelets morainiques qui en réalité sont l'œuvre de milliers d'années....

Schrader « le rectificateur », c'est-à-dire l'homme de la rigueur scientifique, sait qu'il va faire de la peine à Russell ; il s'en excuse de façon touchante : « *Sans doute ces glaciers sont loin des étendues qu'on leur attribuait jadis avec les yeux de l'imagination. Nous avons dû ramener à des dimensions plus modestes les douzaines de kilomètres de glaciers ininterrompus que célébraient les générations d'alpinistes qui nous ont précédés. Et cependant, c'est eux qui avaient raison, eux qui voyaient non point à travers les chiffres mais à travers leur poétique enthousiasme. C'est eux qui ont compris et nous ont fait comprendre la sublimité particulière de ces Pyrénées qui déroulent leurs neiges sous l'éblouissement d'un ciel d'Afrique, au-dessus d'un Sahara de plaines espagnoles. C'est d'eux que nous a jailli au cœur l'étincelle qui nous a fait alpiniste et géographe, c'est à eux que va notre reconnaissance, au moment où nous réduisons platement en kilomètres et en hectares ces blancheurs qui nous ont tant de fois donné le frisson de l'infini....* »

Mais Russell n'est pas du tout converti.

Et maintenant, en voulez-vous, du retrait?

Eh bien pensez aux Pyrénées préhistoriques, aux Pyrénées des vieux temps géologiques (voir *Les Pyrénées, par Eugène Trutat*, Paris, Baillère, 1894, in-12 de 371 p., illustré).

Alors elles avaient de six à huit mille mètres.

De cet Himalaya descendait l'immense glacier de l'Ariège, jusqu'à Pamiers, sur soixante-dix kilomètres. Le glacier d'Argelès, ramassant tout du Néouvielle au Balaïtous, collecteur des glaciers de Barèges, Gavarnie, Gaube, Azun, coulait à 4 centimètres par mètre sur cinquante kilomètres. Le formidable glacier de la Garonne, parti des Encantades et franchissant le port de la Ratère, avait comme réservoir le cirque de Viella ; arrivé à Saint-Béat il était si épais qu'il envoyait un bras passer par dessus la montagne à l'Est du pic de Gar et tomber droit à Saint-Gaudens, tandis qu'une branche s'infléchissant à l'Ouest ramassait le grand glacier de la Pique, venu du Lys (et peut-être aussi de la Maladetta par dessus le port de la Picade) et lui-même grossi de l'énorme contingent d'Oo dont la moraine existe encore... ; un peu plus loin il prenait le glacier de la Barousse, et plus bas tout le grand glacier venu de Louron et d'Aure, et ce géant formait dans la plaine une muraille longue de trente kilomètres. En tout soixante-dix kilomètres.

Aujourd'hui on reste stupéfait en contemplant le plateau de Lannemezan, qui force toutes les rivières à partir en éventail. Delta de déjections; formidable élimination, par le goulet d'Arreau, de ce qui fut les colossaux pics d'Aure : les Pyrénées se vomissant elles-mêmes. Et stupéfait aussi, dans les fonds d'Aure, de Plan, d'Ourdisset, de trouver des montagnes en déliquescence, des pics de gravats. Où est donc le surplus? A Lannemezan, ou formant le sol de la plaine de la Garonne, ou dans l'Océan.... Comme *in pulverem reverteris*, c'est effroyable!

Quand cette idée de ruine vous a pris, elle vous obsède, et vous attriste.

Heureux ceux qui, n'ayant pas de science, ont cru que le ciel tournait autour de leur Terre centre de tout, et que les montagnes étaient des colosses immuables, indestructibles, symboles de l'éternité.

Les Pyrénées ont été l'Himalaya, l'Himalaya sera donc les Pyrénées ?

Mais, dit Schrader, cela est si loin par rapport à notre propre durée, qu'il ne faut pas s'en occuper.

Et nous voici revenus à l'éternel, au prestigieux, au divin.

XXX

L'ACTE DE DÉCÈS DE LA MONTAGNE.

Deuil ! Deuil partout.

Mort, Nansouty, 1895 !

Même année, mort Wallon ! Le premier terme de sa carrière de grand pyrénéiste avait été la brochure *Ascension au Cabaliros*, à l'allure ancienne ; le dernier, le beau plan en relief conservé à la mairie de Cauterets.

Et soudain à travers les sommets des Pyrénées un cri déchirant. Mort, Packe, 1896. Et c'est le cri de Russell ! Une brochure : *In memoriam*. Un des plus poignants morceaux de la littérature pyrénéiste : la véhémence des phrases pressées, les souvenirs surgissant à la fois, et Russell pleurant sur son ami, pleurant sur lui-même, pleurant sur les Pyrénées d'antan — sur « le mystère qui voilait alors les solitudes austères et blanches des Monts-Maudits, leur donnant une poésie et un prestige qu'elles ont perdu à tout jamais depuis que tant de caravanes y ont laissé leurs traces », — et sur la vie dure qu'il fallait y mener et qui avait le charme de la vie monastique. « *Nous étions seuls, il y a trente ans, mon ami Packe et moi, au cœur des Pyrénées. Les foules étaient bien loin, souvent à deux ou trois journées de marche, et nous n'y pensions plus, car le soleil, la neige et les sapins nous consolaient de ne plus voir les hommes, charmaient notre vie, et suffisaient à notre bonheur ! Heureuse époque où les banquets, les foules et les discours étaient choses inconnues dans les sanctuaires sacrés et romantiques des Pyrénées ! Tout cela est fini pour toujours : mais ce passé lointain et poétique arrache des larmes à ceux qui l'ont connu. Que de nuits magnifiques ou terribles, parfois même dramatiques, j'ai passées avec Packe sous des blocs de granit, au bruit des cataractes, ou sous de fiers sapins éclairés par la lune et couchés par le vent ! Je les entends encore gémir ! C'est avec lui que je restai une fois collé aux flancs d'un précipice pendant toute une longue nuit glaciale, derrière la Porte d'Enfer, sans vivres, sans couverture, sans eau, et par un temps terrible. Mais il ne se plaignait jamais et cela remontait mon moral. Nous étions seuls.* »

Oui, oh oui, incomparables, les années du Carlitte et du Posets, des Hermittans et du Cylindre, du Balaïtous et de la Munia, du Malibierne et du pic Russell, du Cotieilla et de l'Estagn de Mar, de la nuit au Néthou et du Vignemale en hiver, de la publication du *Guide to the Pyrenees* et des *Grandes Ascensions*... — incomparables pour Russell, et incomparables pour les Pyrénées !

Et Russell a beau s'égayer pour terminer, en lançant quelques flèches — pas empoisonnées, dit-il — à l'école des « gymnastes », des contorsions épileptiques et des dislocations (ce qui n'est pas absolument juste : encore une fois, ce sont les gymnastes qui ont conquis à fond la montagne, et peu importe l'épilepsie si l'on en tire une page), il passe sur le pyrénéisme un vent de *requiem*.

En mineur, ces adieux de Schrader, 1894 : « *Une sorte de deuil nous prend, le deuil de ces temps héroïques, si proches encore de nous, où chaque pas était une découverte, où tout était nouveau, tout immense, tout sublime. O joies naïves qui précédez la connaissance !... Puissent nos successeurs retrouver les émotions sacrées qui tant de fois ont fait jaillir les larmes de nos yeux et gonflé notre cœur d'un enthousiasme qui ne s'éteindra point !* » Le ton paraît singulièrement grave ici. Rien d'affecté, pourtant. C'est le Schrader de la grande émotion, dont il n'abuse pas. Les Pyrénées espagnoles l'ont grisé, remué jusqu'aux moelles, pour la vie. Rien n'effacera cette impression intense, pas même le Mont-Blanc.

Car Schrader maintenant, pour achever d'être Ramond, va pratiquer le fameux précepte (en sens inverse toutefois), après avoir vu la première des montagnes calcaires, il va aborder la première des montagnes granitiques. Il y aura des sensations puissantes et des aventures tragiques, mais ni les sublimes atmosphères de quatre mille, qu'il peindra à merveille, ni ses travaux au Mont-Blanc, ne feront pâlir en lui le soleil de l'Aragon et la séduction du Mont-Perdu.

En mineur (dans le *Bulletin Ramond*, 1895), ce bref résumé de Russell : *Histoire* ET VICISSITUDES *de mes grottes du Vignemale.* Ce titre dit tout.

Le deuil suprême !

En mineur, la seconde et définitive proclamation officielle d'épuisement de la montagne. Par le Club Alpin, encore : une véritable déclaration de paix, non sans solennité.

A la fin de l'année, dit l'*Annuaire*, les membres du Club sont convoqués à un banquet, dans lequel le Président, « comme un grand-prêtre de la religion de la Montagne » a coutume de célébrer l'alpinisme et ses conquêtes.

Or, le banquet de 1894 « emprunte aux paroles prononcées

par M. Laferrière » (le grand-prêtre ; président du Conseil d'État) « une importance qui le met à part dans la suite de ces assemblées. M. Laferrière DÉCLARE QUE LA CONQUÊTE DE LA MONTAGNE EST ACCOMPLIE.... »

Pax tecum. Va-t-on la lui laisser, à la montagne, la paix ? A fermer solennellement le temple de Janus, voici la grande et vraie manière : fermer l'*Annuaire*, et licencier le Club Alpin !

Clôturer l'*Annuaire* pour constituer les vingt volumes de l'époque héroïque à l'état de livre défini, de monument. Car c'en est un, complet et de granit. (C'est le massif dominant de la littérature française de montagne.) A y ajouter indéfiniment, désormais on ne peut qu'abaisser sans cesse la qualité moyenne, diminuer la valeur vénale, et finalement faire crouler cette pile de livres. Se restreindre et se transformer : c'est ce que Lourde-Rocheblave demande précisément alors — en vain — au *Bulletin Sud-Ouest*. Ayant cessé de vaincre, cessons d'écrire....

Licencier le Club Alpin, puisque « *après la période héroïque, après la période de lutte et de combat, le Club Alpin entre dans la gloire de la paix....* » Se restreindre à une Société très fermée, spéciale, fortemement alpiniste, même *himalayiste*, et — virant cap pour cap — s'employant à retarder le plus possible l'envahissement et l'avilissement de la montagne !

Mais renoncer à une si puissante organisation et hiérarchie, serait-ce français ? Quitter la scène en pleine vigueur, serait-ce humain ?

« Le Club Alpin entre dans la gloire de la paix *laborieuse et féconde.* » Laferrière déclare « que la conquête de la montagne est accomplie *et que désormais la tâche du Club Alpin sera de l'organiser et de la coloniser* ».

COLONISER LA MONTAGNE ! Juste ciel !

Ça va avec décanter Caillaouas !

Voici le programme ; faciliter l'accès de la haute montagne par de bons refuges, rendre les hautes vallées habitables par de bons chalets-hôtels, assurer la pénétration par de bons sentiers, et la sécurité par de bons guides. De là, colonisation : *amener au cœur de nos montagnes les caravanes et les familles.*

Oh! avoir été la Meije et en venir à ne plus faire que du Toppfer !

Enivrement généreux des mots sonores : la régénération par la montagne, faire de bons français par la montagne, les corps par la montagne, les âmes par la montagne, grands spectacles, élévation, patriotisme..., etc. — Et le dernier mot, l'occupation suprême d'hommes considérables, l'idéal des clubs alpins, énorme engin de propulsion : mettre en mouvement les CARAVANES SCOLAIRES....

Coloniser !

Relire Michelet. Son horreur de la colonisation, « de la foule, de la tourbe qui l'été envahit la montagne et de sa vulgarité prosaïse ces nobles déserts. Est-ce un mâle élan vers les choses hardies, dangereuses et pénibles ? On voudrait le croire »…. Horreur de la profanation : « il faut les respecter, ces lieux ».

Et un jugement clairvoyant, rigoureux, une condamnation sans appel des caravanes scolaires. Ne menez pas à la montagne l'enfant qui n'est pas du pays de la montagne, *la forte mémoire de cet âge qui garde ineffaçablement tout ce qui s'y met alors, conserve pour la vie du lieu le plus sublime les détails prosaïques, insignifiants !* (Les photographies instantanées, par exemple, nous montrent des caravanes scolaires dans les hautes régions... se battant à coups de boules de neige.) Et revue à un autre âge, la montagne n'aura plus d'effet : *les choses restent marquées du caractère qui nous y frappa d'abord.* « Aujourd'hui

l'enfant est blasé sur tout. Ce que, petit, il a connu au
point de vue étroit de son âge, il le voit toujours petit, et
avec indifférence. On ne trouve que jeunes messieurs qui,
menés dès la nourrice à la mer ou aux montagnes, n'y
prennent plus aucun intérêt : les Alpes? on m'en a bercé...,
l'Océan? connu ! »

‑Heureux qui pour sa vie se réserve des surprises. Heureux
qui a gardé la montagne comme un saisissement pour son
âge d'homme....

Mais Michelet a dit aussi : *notre temps ne peut pas
remonter*. L'envahissement de la montagne n'est pas « la
faute à Voltaire » ni aux clubs alpins. Ceux-ci n'y nuiront
pas, voilà tout. Mais il est dans l'air, dans la situation.

C'est fatal, il faut *coloniser* la Montagne ! Eh bien,
allons-y !

L'EXCURSIONNISME

I

LA *SEB*, LA *SET*, LA *SEBB*, ET LA *TO*.

Garde à vous! à droite, alignement! fixe! par le flanc droit, droit! en avant, marche! pas gymnastique! clairons, sonnez!... un! deux! un! deux!... et débouchant de la gare à huit heures du soir, devant les voyageurs étonnés croyant à quelque exercice militaire par voie ferrée, devant le gendarme de service stupéfié par la précision de la manœuvre, dans Bagnères-de-Bigorre, en uniforme — vareuse noire, culotte blanche, guêtres blanches, béret bleu foncé — un fort peloton (vingt-cinq hommes) hérissé de bâtons à pointes d'acier débouche sur les Coustous, entraîné par la cadence vive des cuivres, méprisant les cafés tentateurs aux mirobolants éclairages, et défile entre les baigneurs intrigués formant la haie....

Papa, demandent en gasconnant les petits enfants, *ce sonn des chasseurres de monnntagnes?*

Eh non! c'est la Société de gymnastique de Tarbes, *la Bigourdane*, qui va monter au lac Bleu.

.... Un! deux! un! deux! elle s'enfonce dans la nuit sereine; un! deux! un! deux! elle est à Baudéan: halte!

réception chez un officier général retraité, allocution patrio-
tique, dislocation pour la nuit ; à quatre heures du matin la
diane ; aux fenêtres, figures d'indigènes ahuris ; en avant !
un ! deux ! un ! deux ! vallée de Lesponne, cascade Magenta,
auberge Chiroulet, grand'halte ; les clairons rappellent ; un !
deux ! un ! deux ! l'assaut — l'ambulancier, dix-huit ans et
quatre-vingt-quinze kilos, y fait merveille ; — le lac :
empoignant ! les clairons sonnent une fanfare. Surprise ! les
accents d'un cor répondent, auquel les échos donnent de
triomphantes sonorités : c'est la *Société des Excursionnistes
Tarbais,* de tout sexe, de tout âge et de tout aspect, qui
arrive de Barèges par le col d'Aoube ; les clairons répondent
au cor ; fusion des groupes....

Et maintenant, mes enfants, une heure et demie, filons,
et vivement ! il ne s'agit pas de manquer le train !.... Départ,
musique permanente, les clairons alternant avec le cor ; à
la nuit à Bagnères : militairement, par rangs de quatre et
le jarret élastique les gymnastes gagnent le chemin de fer,
les excursionnistes suivent ; une demi-heure après, descente
dans le hourvari du dimanche soir d'une grande gare, et par
les rues de Tarbes l'amas des excursionnistes et des
gymnastes se dissout dans la nuit.

Ah ! ce n'est pas en vain que la France a embrigadé —
dans une organisation autrement vaste encore que celle des
clubs alpins et conforme au tempérament national — les
gymnastes, prestes, agiles, débrouillards, passionnés de
militarisme *ad libitum,* de discipline indépendante, et
d'uniforme de franc-tireur !
Ce n'est pas en vain que depuis vingt ans, aux Français,
race nerveuse et éprise de gloire, les clubs alpins, par les
annuaires et les bulletins, ont versé à flots la griserie d'une
littérature héroïque, assauts, conquêtes, exploits : l'éréthisme
de l'ascension !

La génération nouvelle, sportive, gymnaste, entraînée, impatiente, a soif de vaincre, conquérir, escalader, dompter.

Mais précisément, les pics vierges épuisés, il ne reste plus rien de neuf à dompter, escalader, vaincre, conquérir.

Eh bien! Daudet (comme il est venu à point!) ne nous a-t-il pas appris ce qu'on fait dans les pays de chasseurs terribles où le gibier manque? On chasse à la casquette.

En alpinisme aussi, maintenant, on chasse à la casquette : d'un pied ambitieux et toujours vainqueur on scande la marche sur les routes thermales, on conquiert l'observatoire du Pic du Midi, on escalade le lac Bleu, on dompte le col de Tortes (*sic*).

L'ascensionnisme a enfanté ce frêle et joyeux fils : l'excursionnisme — avec sa pointe de tarasconnisme.

Où croirez-vous qu'est l'origine des Sociétés pyrénéennes d'excursions? A Paris, où vers 1880 des étudiants réunis pour courir la grande banlieue formèrent la *Société des Excursionnistes Parisiens,* ou — conformément à la manie d'abréviations cabalistiques qui fait rage à l'époque actuelle et, au fond, répond bien à la passion inégalitaire et au besoin de s'affilier, d'avoir l'air de faire bande à part et de rétablir les privilèges — la *S.E.P.* En abréviation de l'abréviation, la *SEP.*

Beaucoup de ces étudiants étaient de Pau, et ces jeunes béarnais, s'avisant que les Pyrénées forment un champ d'excursions plus majestueux que Bondy ou Sannois, fondèrent à Pau une annexe de la Société parisienne. Alors des histoires bien menues, mais bien humaines — racontées au long, depuis, dans les publications locales : — jalousie sourde de la Société métropolitaine, puis guerre de sécession, et finalement, en 1882 proclamation de l'indépendance de la *Société des Excursionnistes du Béarn. — SEB.*

Peu après, Tarbes entre dans le courant par la fondation de la *Société des Excursionnistes Tarbais.* — *SET.*

Suit la *Société des Excursionnistes de Bagnères-de-Bigorre.* — *SEBB.*

Et tout à l'heure va venir la *Société des Touristes Ossalais.* — *TO.*

Le tout sans préjudice du Club Alpin français en général : *CAF.* Ni des sections du Club Alpin : du Sud-Ouest, *CAFSO*; basque, *CAFB*; des Pyrénées centrales, *CAFPC*; des Pyrénées-Orientales, *CAFPO.*

Pour les seules Pyrénées, la *Seb,* la *Set,* la *Sebb,* la *To,* le *Caf,* le *Cafso* et le *Cafpo,* c'est déjà beau ! Et encore, les Sociétés non pyrénéistes en excursion pyrénéennes occasionnelles : graves, ou comiques, ou les deux à la fois : de l'Association Française pour l'Avancement des Sciences aux Voyages d'Études Médicales, des formidables agrégations cyclistes — Union, Touring — aux légendaires Cadets de Gascogne — lesquels étaient de Paris, les roués masques ! — l'*AFAS,* les *VEM,* l'*UYF,* le *TCF,* les *CDG,* etc., etc.

— Allons! c'est la vulgarisation ! L'atroce vulgarisation . la montagne banlieue, la montagne talus des fortifications, la montagne dîner sur l'herbe ; le moment où, comme dit une chanson célèbre, « on commence à saucissonner »; sur les pics, papiers gras, lazzi parfois idem, coquilles d'œufs et os de poulets, et au prochain orage la foudre ayant la honte de tomber sur des boîtes de sardines vides ! Le citadin se trimbalant et alpinisant en bande, horrible et ridicule; et nos semblables, la veille agréables peut-être et même spirituels devant les Thermes ou au Casino, aujourd'hui retrouvés en troupeau dans la montagne, nous apparaissant parasites, odieux, même répugnants, et — comme à Gulliver après son séjour chez les chevaux — des *Yahous!*....

— Trêve de douleur. Inutile de récriminer, c'est l'inévitable. La vulgarisation est fatale. La découverte des

Pyrénées est faite, donc, elle n'est plus à faire. Malgré tout, qu'importe ? Pierre Puiseux dit dans le bulletin du Club Alpin : *ce qui est intéressant dans la montagne, c'est l'homme.* C'est-à-dire : d'une ascension, ce qui est essentiel, ce n'est pas le comment de l'ascension, c'est ce qu'on en tire. C'est la page écrite. Tout est là, désormais : le pyrénéisme aura-t-il encore des pages ? des pages d'une forme nouvelle et imprévue ? Oui.

II

DE TARBES A TARBES PAR LES PYRÉNÉES.
LE CAPITAINE R.....

Tout de suite, la Société des Excursionnistes Tarbais crée un écrivain, qui dans les petites feuilles locales raconte les promenades de la troupe en vifs et humoristiques tableaux de marche.

Mais l'article de journal s'évapore vite, et ici c'est dommage.

Alors, un jour, le fondateur de la Société, Léon Vimard, propose de reprendre les articles, de les pousser au chiffre de trente-cinq et de les publier en volume si l'on trouve trois cents souscripteurs. Ils se trouvent.

Le volume paraît :

De Tarbes à travers les Pyrénées centrales, par un groupe d'excursionnistes bigourdans. Tarbes (imp. Vimard) 1893, in-8 de 294 p.

« Groupe d'excursionnistes bigourdans », lisez : un officier qui, suivant les règlements militaires, ne peut point signer. Plus tard, il signera quelquefois : « Capitaine R.... »

C'est un jeune artilleur, né, comme jadis le capitaine Chausenque, au pied des Pyrénées — à Auterive, Haute-Garonne, en 1857 — et qui amené à Tarbes en service s'est passionné pour les Pyrénées, devenant la cheville ouvrière des Excursionnistes Tarbais, à l'occasion entraînant à la montagne les hommes de sa batterie, et publiant des articles prompts et vivants, pour l'ébattement de la galerie qui reconnaît et nomme les personnages — parfois tarta-rinesques: tel pharmacien célèbre par ces annonces tapissant les wagons de la Compagnie du Midi, sourd, et président d'une société de trompes de chasse ; tel excursionniste montant au pic de Jer équipé et fourruré comme pour le Groënland : il est vrai que c'était en hiver.

La saveur de ces allusions du moment rapidement abolie par le temps, que reste-t-il du recueil *De Tarbes à travers les Pyrénées centrales?*

Si vous n'êtes pas pyrénéiste, un livre ésotérique et incompréhensible.

Mais si vous connaissez, si vous sentez vos Pyrénées à fond, un livre topique — essentiel dans la série pyrénéiste.

Pourquoi?

Ce sont les Pyrénées pratiquées et vues par une génération nouvelle, avec des moyens nouveaux et des sensations nouvelles.

Voulez-vous saisir? Relisez d'abord les écrits pyrénéistes de l'Empire et de la Restauration. Ecrits d'une génération qui ne se presse pas, qui a le temps — et n'en voit pas plus précis pour cela. — Époque des lentes arrivées, des lents déplacements, de la diligence. Par exemple : se transporter de Tarbes à Foix, quel voyage !

Immédiatement, sautez sur le livre du capitaine R..... Livre d'une génération qui n'a pas le temps. Ou plutôt qui excelle à tirer parti du temps.

Excursionnistes tarbais (ou autres) : montagnards d'occasion, promeneurs en montagne plutôt ; hommes de bureau, d'affaires, de professorat, hommes occupés en un mot ; femmes occupées aussi. N'ont que le dimanche à eux ; très rarement peuvent mordre sur la fin du samedi. Néanmoins prétendent jouir de leurs Pyrénées.

Alors, toutes les courses sont : aux Pyrénées de Tarbes à Tarbes en un jour.

Pour que cela soit possible il a fallu la suppression des distances, la révolution physique, le chemin de fer.

Pouvoir être instantanément déposé au « point initial » de la marche, un de ces sept « terminus » : Bayonne, Oloron, Laruns, Pierrefitte, Bagnères, Luchon, Ax. De là, rayonner en éventail vers toute la grande chaîne.

Eh bien, ce que le capitaine R..... — sans le chercher, sans s'en douter — a rendu de façon saisissante, c'est le singulier alliage de montagne et de chemin de fer. L'*Indicateur* et le *Livret Chaix* partie intégrante des écrits pyrénéistes. C'est notre temps ! C'est nous ! C'est la sensation que le cœur d'une ville de province, comme Tarbes, bat à la gare, l'endroit par où on la quitte ! (Oh cette gare de Tarbes, quel fourmillement gai, quelle vie méridionale !) C'est le rôle capital et constant que prennent, dans les affaires de montagne, le cinq heures trente et le sept heures vingt-cinq, le quatre heures quinze, le huit heures dix-sept et le neuf heures cinquante. Et les éléments minuscules mais caractéristiques apportés dans les récits : le bruit de l'injection de vapeur dans les freins Westinghouse, les ralentissements saccadés dans les courbes à la descente de la rampe de Capvern, le fracas métallique sur le pont de Boo-Silhen, et dans une nuit embrouillardée d'octobre, les yeux jaunâtres du train fantôme. Ce sont des riens, et c'est cela. C'est nous.

Et la brusquerie de toutes les entrées en matière ; toujours, vivement, allée au train, l'approche des Pyrénées presque instantanée, descente du train.

Si la course est facile, empilés « en bande joyeuse, un demi-wagon, indescriptibles de formes et de corpulences » ; si la peine augmente, réduits à six, cinq, quatre, trois, même moins.

Embarquement, débarquement.

Débarquement dans la nuit : car pour gagner du temps, les excursionnistes tarbais, au départ, opèrent généralement la nuit. Toute la nuit du samedi ils marchent, pour atteindre au point du jour l'endroit désiré, le point de vue, la splendide mais brève récompense. Et puis, immédiatement départ, et tout le jour pour revenir.

Débarquement à Bagnères, et toute la nuit, sous la pluie, montée au Pic du Midi. — Débarquement à Bagnères à dix heures du soir, par une nuit très belle, passage du Tourmalet pour revenir s'embarquer à Pierrefitte. — Débarquement à Pierrefitte à huit heures du soir, en troupe imposante, les messieurs galamment chargés des provisions et des couvertures, les dames portant jambières, béret et cannes ferrées, pour l'ébahissement des gens de Nestalas assis devant leurs portes, et montée dans la nuit d'orage au cirque de Troumouse. — Débarquement à Pierrefitte, toujours à huit heures du soir, et avec trois jeunes filles, montée dans une nuit splendide, entr'acte par les becs de gaz de Cauterets à minuit et demi, et arrivée au jour au lac d'Estom. — Débarquement à Bagnères, longue marche dans la nuit pyrénéenne claire et tiède, et au petit jour l'admirable surprise du col d'Aspin. — Débarquement à Argelès, et, toute la nuit sans lune, marche jusque dans l'extrême fond d'Azun ! — Débarquement à Pierrefitte, et par un temps exceptionnellement pur la longue et admirable montée jusqu'aux Oulettes du Vignemale, sous le colosse. Retour vivement, pour prendre le rapide de dix heures trente. — Débarquement à Laruns, passage du col de Tortes et rembarquement à Argelès. — Débarquement à Argelès et dans la nuit se porter à la visite des trois cirques, Gavarnie, col d'Allanz, Estaubé, Héas, Troumouse, naviguer encore une seconde nuit blanche sur les routes, et, ensommeillés, les paupières tombant par instant puis brusquement relevées, les jambes et la poitrine intacts d'ailleurs, reprendre à Pierrefitte le premier train du matin. — Débarquement à Loures et visite à Saint-Bertrand. — Débarquement à Marignac et course au Pont-du-Roi. — Débarquement à Luchon sous la pluie torrentielle — cinq braves seulement — et dans la nuit profonde remonter la route d'Espagne, traverser la forêt de Charruga en file indienne, cramponnés les uns aux autres, dans le noir absolu, les cinq bâtons ferrés tendus à droite pour tâter le terrain et ne pas tomber dans le gouffre, atteindre enfin l'hospice qui, d'ailleurs, est « un taudis », poursuivre sur le port de Vénasque, et rentrer à Luchon à temps pour le trois heures trente.

Un jour de janvier la gorge de Luz dans toute son horreur sauvage et polaire, un jour de juin Aspe et la course enragée dans la vallée « chauffée à refus », un jour de septembre les lacs d'Artouste et d'Arrious et la région d'Arrémoulit, un jour d'octobre Bétharram, et ainsi de suite, de la Rhune aux confins de l'Andorre.

S'agit-il maintenant de se transporter de Tarbes à Foix ? Voici :

« Embarquement à Tarbes un samedi vers une heure et demie du soir : pas d'arrêt à la bifurcation de Portet-Saint-Simon. Arrivée à Toulouse à 4 heures trois quarts, dîner au buffet de la gare. Départ à 6 heures sur la ligne Ax-les-Thermes. La nuit est venue et nous fuyons à toute vapeur les faubourgs de Toulouse, franchissant de nouveau les deux bras de la Garonne, apercevant derrière nous, à l'horizon Nord, une sorte de buée lumineuse, d'intensité décroissante à mesure que nous nous éloignons, qui semble la respiration nocturne de la capitale du Midi, et d'où nous parviennent les tintements affaiblis de cent cloches sonnant l'Angelus. Ciel étoilé, mais pas encore de lune. Nous voguons sans distinguer grand chose dans la vallée large de l'Ariège inférieure, où les lueurs confuses des villages piquent les brouillards stagnants de cette nuit d'automne. Au delà de la cité industrielle et noire de Pamiers, après la station de Varilhes, les premières ondulations des montagnes atteignent la rivière de l'Ariège et resserrent la vallée; par-dessus les collines pelées de Saint-Jean-de-Verges le disque ovalisé de la lune a jailli et le paysage s'éclaire. Bientôt le train siffle, dépassant le pont de l'Écho, laissant à droite de bizarres rochers taillés en gradins, et voici Foix, dont se profile le caractérisque château féodal restauré. Il est 8 heures trois quarts. »

Pas plus long que cela.

L'exorde à la locomotive.

Après quoi, sur le champ, le *raid*, à pied; même quand on marche, on est à la vapeur.

Et le récit « à l'horaire ».

En trois quarts d'heure, à neuf heures et demie de cette nuit d'octobre, tout Foix est vu, est noté: rues tortueuses, Saint-Volusien, château, préfecture, constructions neuves, lycée, caserne, villas, contours adoucis du Saint-Barthélemy; ravissement du charme étrange de cette visite rapide et nocturne: « nous nous souviendrons longtemps de la ville de Foix parcourue comme en un rêve aux bleuâtres rayons de la lune ». Et marchant à l'Ouest, on s'engage sur la route, dans la vallée de la Barguillière. A onze heures, Serres; à minuit, Burret; à une heure et demie du matin, col des Marrous, repos, léger réconfort; puis à travers bois: silence grave, odeur de mousse et de branchages humides, arôme de genévriers; deux heures trois quarts, Cap de las Tres Termes, passage du bassin de l'Arget dans celui de l'Arac; quatre heures du matin, la Tour Lafont, 1350 mètres, à la crête du long plissement boisé qui court de Tarascon presque jusqu'à Saint-Girons : on allume du feu et on jouit du spectacle ; ici tout d'un coup l'horizon recule à perte de vue, les montagnes ariégeoises apparaissent, simplifiées sous l'éclairage oblique de la lune déclinant vers l'Ouest, le Mont-Valier fascinateur, le Montcalm et la Pique d'Estats dardant leurs neiges à 3141 : émerveillement de la grande montagne. Quatre heures trois quarts, en route. Cinq heures et demie, Massat, et à l'hôtellerie, cuisine pantagruélique ; déjeûner avec délices. C'est dimanche (toujours), sortie de la messe, observation des indigènes, vigueur de la race, costume original des femmes. Puis, pas de temps à perdre, départ, et tournant le dos au superbe Mont-Valier, retour vers l'Est ; sous le soleil qui commence à darder, de petits nuages roux s'évaporent en guirlande ; on croise les paysans apportant le lait dans des boîtes singulières, cylindres en sapin d'une seule pièce , et par eux on est curieusement dévisagé : *la race touriste est inconnue en ces lieux* (oui, ce pays est aussi neuf que du temps des appels de Chausenque : c'est ici une véritable course dans les sierras françaises); à la droite s'échevèle la jolie forêt de Candail : sous le couvert silencieux des arbres, à intervalles, bruit mélancolique de la cognée du bûcheron ; à dix heures et demie col de Port, longue halte, même sommeil réparateur ; midi et quart, un dernier regard au fond de Massat et au Mont-Valier, jolie descente dans la verdure, et à deux heures et demie, Saurat. Trois quarts d'heure de repos dans un café. Quatre heures, Bédeillac : vue subite sur le confluent du Vicdessos et de l'Ariège, au fond le Montcalm et la Pique d'Estats : « région d'un caractère à part ; qu'un tel cadre doit s'illuminer puissamment à la lumière de l'été et quelle harmonie doit s'établir alors entre les roches brûlées et le ciel incandescent ! » A cinq heures et quart entrée à Tarascon, commande du dîner dans un hôtel du quai, utili-

sation des minutes pour visite dans Tarascon-le-Vieux,
ruelles hasardeuses, maisons à sombres arcades, ancienne
place, vrai décor pour sérénade andalouse. Six heures
quarante, le train. Dix heures, Toulouse, sommeil dans la
salle d'attente. Minuit et demi, le train, wagon transformé
en dortoir. Et à six heures et demie du matin à Tarbes.

Quarante et une heures de course. Gorgés de kilomètres
(cinq cent cinquante, dont soixante-cinq à pied) et d'impressions.

III

LA GÉNÉRATION NOUVELLE DEVANT LES SITES CLASSIQUES.
LA TROISIÈME DÉCOUVERTE DES PYRÉNÉES.

Impressions!

La nouvelle génération les a rapides, très nettes, très
aiguës, très affinées.

Et très neuves.

Et c'est miracle que cette nouveauté, cette jeunesse
d'impressions après cent ans de littérature pyrénéiste.

Après tout, la génération de 1890 ignore les anciennes,
et ne marche pas portant dans sa mémoire une bibliothèque
pyrénéiste rétrospective. Elle est d'impressions spontanées.

Ce qu'elle porte avec elle, par exemple, c'est la carte
de l'État-major: elle sait ce qu'elle voit; là où les générations primitives voyaient des masses confuses et inexplorées,
elle voit un détail, elle s'intéresse d'autant plus aux pics
qu'elle en sait les noms et que chacun a pour elle une indivi-
dualité. Elle sent autrement que les primitifs : la sensation
est moins générale, moins d'écrasement, moins puissante
peut-être, elle est plus anatomique, plus passionnée.

Nouveau recommencement de la découverte des Pyrénées: peu vierges, certes, mais puissamment captivantes dans leur beauté dévoilée.

Après cent ans les Pyrénées très explorées peuvent encore donner plus d'émotions, d'étonnements, que n'en donnèrent les Pyrénées inconnues.

Ici d'ailleurs, une raison péremptoire : les Tarbais, qui sont à pied d'œuvre, pyrénéisent en toute saison, ils connaissent et pratiquent les formidables Pyrénées d'hiver, les éclatantes Pyrénées de mai, juin, juillet, — dont les exotiques venus en août et septembre n'auront jamais l'idée.

Autant dire qu'ils connaissent une autre chaîne.

Aussi voyez le capitaine R...., décrivant le panorama de *Tarbes, la Tour Massey, mars ;* c'est un hosannah typographique ; un dénombrement homérique. Morceau tout nouveau dans le pyrénéisme : jamais les Pyrénées n'avaient encore donné une si forte impression à pareille distance et à trois cents mètres de hauteur seulement.

Approchez-vous : montez à neuf cents mètres : *Pic de Jer* (près Lourdes) *et Lavedan Nord, mars*. Encore un dénombrement homérique, et dans sa netteté, saisissant. Bien autrement que jadis la page de M. Thiers. Et comme le capitaine R..... excursionne avec un appareil photographique plaque entière, il emporte du pic de Jer un panorama en trois plaques qui est bien la plus admirable chose qui se puisse voir. Les voilà les Pyrénées de Russell, grandes comme l'Himalaya !

Plus haut encore. *Le Pic du Midi, septembre.* Rappelez-vous l'impression générale et vague de Ramond, posté près du primitif abri, de l'*asyle* de Reboul et Vidal. Voyez maintenant l'impression nette, et de quel œil curieux Ramond lirait ceci :

« Vers cinq heures enfin nous avons dompté la plate-forme ultime.

» Le jour se fait par degrés. Drapés dans nos couvertures, près du coin Sud-Est de la balustrade où des troncs de sapin reposant horizontalement sur des piliers en maçonnerie cimentée séparent du vide, à l'abri d'une bise glaciale sous laquelle vibrent les fils de fer qui contreventent les paratonnerres, nous pouvons embrasser l'indicible panorama qui, de minute en minute plus distinct aux clartés grandissantes du matin, se déroule à nos yeux émerveillés.

« Quelques-uns d'entre nous, revivant en cet instant les ascensions passées, ont vite démêlé dans ce fouillis de pointes aux détails inextricables de prime abord : les cheminées de l'Arbizon, la reine Maladetta, peu visible, dépassant les glaciers frontières d'Oo et de Louron, l'îlot sévère des Posets, le dôme aragonais du Cotieilla, les épaules neigeuses du Néouvielle, l'écueil vertigineux du pic Long, les trois sœurs blanches du Mont-Perdu, les remparts à tourelles du Marboré coupés par les créneaux de la brèche de Roland et de la fausse brèche avec le chemin de ronde de la corniche supérieure du cirque de Gavarnie, le Vignemale, prince des Pyrénées françaises, d'où s'écoule un fleuve de glace azurée, les obélisques instables de l'Ardiden, l'obtus Balaïtous et son périlleux glacier, la pyramidale Cuje de Palas, le pic d'Ossau dont la petite dent manque, le Ger mêlé aux aiguilles du Gabizos. Et tel qui vient ici pour la première fois, stupéfié, en garde une sensation inoubliable de puissance et d'immensité.

« Pourtant le tableau est incomplet : la plaine entière a disparu vers le Nord sous une sorte d'ouate cotonneuse qui semble battre les inaccessibles parements septentrionaux du pic et monte peu à peu dévorant les cimes basses. Et bientôt dans une zone aux nuances indéfinissables et changeantes jaillit brusquement le disque empourpré du soleil, irrisant les vagues moutonnantes de cet océan de nuées silencieuses, vivifiant de ses rayons la grande chaîne dont les reliefs s'accusent.... »

Passez maintenant au terrain classique par excellence, au terrain de Ramond, de Saint-Amans, de Dusaulx, à la montée sur Gavarnie, à cette « grande et forte nature qu'on ne peut épuiser ». Cent ans après Ramond, elle n'est point épuisée. Voyez ce début de la course *les Trois Cirques*.

« Débarquer à Pierrefitte vers neuf heures du soir, et, lentement, gagner Luz par une nuit bleue de septembre, à travers les bruits graves de la gorge que la pleine lune éclaire ; retrouver dans le bassin tant de fois parcouru ces choses familières et charmantes, eaux alertes aux ruissellements laiteux, peupliers sveltes dont les feuilles argentées à l'envers chuchotent sous la brise, cimes aux dentelures adoucies baignant dans une vapeur translucide ; contourner, à minuit tintant, la vieille église crénelée par les Templiers ; dépasser Saint-Sauveur d'où viennent aux oreilles les rumeurs affaiblies d'une fin de bal ; s'engager dans la faille profonde où roule le torrent, entre le Bergonz croulant et l'Ardiden maudit, et que traverse au centre le pont de Sia ; déboucher à Pragnères, où, dans les prairies, une équipe nocturne de faucheurs silencieux coupe l'herbe, et, sans fatigue, atteindre Gèdre vers trois heures du matin ; ô, la délicieuse promenade, satisfaisant à la fois nos esprits et nos corps ! »

On pénètre un instant dans l'église ouverte, le vent apporte des senteurs de foins verts (ô Ramond !) et balance les cordes qui descendent des cloches ; puis on monte, on dépasse les terrifiantes silhouettes du chaos, on découvre la crête du Marboré, et alors, « elle retient désormais le regard, cette muraille étonnante qui, par une nuit claire, revêt des teintes de bronze et d'acier polis ; la marche se poursuit, l'attention à peine détournée par les contreforts du Piméné ;

c'est le Cirque qu'on espère maintenant à chaque pas, négligeant même le Vignemale qui, au bout de la vallée d'Ossoue, surgit en sombres écueils sur la croûte livide de sa mer de glace, jusqu'au moment où dès l'entrée de Gavarnie on découvre soudain, aux dernières étoiles, l'enceinte tout entière, absolue merveille. »

· Elles n'ont pas vieilli les Pyrénées de Ramond ! Et cette fraîcheur d'impression, exprimée dans une forme nouvelle, continue pour la visite au cirque et à la cascade.

A six heures et demie du matin on entame la montée vers la brèche d'Allanz, « le regard allant du Vignemale — toujours grandissant et planant seul au-dessus de l'horizon, de toute sa majesté, écrasant et superbe, étalant son glacier azuré long de trois kilomètres,» il a dit *trois*, ô joie de Russell ! « large d'un kilomètre, qui de l'Ouest à l'Est descend vers le plan de Millas et dont on distingue à l'œil, dans une atmosphère extraordinairement limpide, les plus larges crevasses, stries brunes sur la coulée luisante, — jusqu'au Cirque et aux parois abruptes du Pic Rouge de Pailla.... »

La brèche d'Allanz passée, la descente dans Estaubé, « dont maintenant, à contre-lumière, les roches aux cannelures coupées de stries obliques paraissent terriblement délabrées et sombres » (combien plus vrai, ceci, que la page de Ramond ! tout ce morceau d'Estaubé est fort curieux). Enfin : « Nous passons le pont mal établi des Glouriettes, nous entrons dans le chaos des Agudes où de larges dalles lisses alternent avec des fragments pointus et branlants, abominable descente ; sous nos yeux la tristesse de la montagne de Camplong dévorée par ses propres éboulis, avec le barrage enchevêtré de la Peyrade où tranche, au milieu de ce désert de pierres, sur le caillou de l'Arayé, la vierge blanche de Héas.... »

Il est deux heures : le temps de prendre chez Chapelle un thé bouillant ; affluence de pèlerins pour la fête du 8 septembre, on dépèce deux isards ; « une jeune fille, les bras nus, les reins cambrés en son corsage de bure, jette à toute volée, d'un geste sculptural, l'eau d'un chaudron qu'elle a rincé, s'arrêtant court dans son mouvement semi-circulaire, tandis que ses jupes, continuant l'élan, s'enroulent et découvrent les jambes nerveuses.... »

Visite au cirque de Troumouse. Impression puissante : « suite de remparts défiant l'escalade et que l'angle visuel insuffisant doit embrasser à plusieurs reprises, du Mount Herran à la tour de Gerbats, avec la Munia culminante au centre, défendue dans le bas par les deux sœurs de pierre impassibles.... On voudrait séjourner là, comme ce prêtre qui vient de monter et qui va rester là-haut à lire son bréviaire, tout à ses pensées le soir, parmi le religieux silence des montagnes. »

Mais il faut partir ; regagnant Héas à sept heures, on trouve la procession de la Madone au Capulet rouge, tant vénérée ici.

(Donc, ô voltairien Saint-Amans ! des deux choses que vous vîtes à Héas il y a cent ans, un lac et une chapelle, une des deux s'est écroulée, et ce n'est pas la chapelle ! Tranquille pélerinage, et recueilli, qu'il est permis de préférer à d'autres plus tumultueux. Aimable chapelle de Héas ! si solitaire, si pyrénéenne, où sont entrés respectueux Ramond, Peytier, Tonnellé, Russell, Lequeutre, où va entrer le capitaine R....

« Dans la chapelle, où les cierges brûlent haut, sans vaciller, pénètrent en file les pèlerins, chantant l'hymne à la Vierge, les voix graves des montagnards se mariant aux accents plus doux des femmes. Tout cela par une nuit radieuse, à travers les parfums calmants des fleurs de la vallée, sous une lune qui, toute rouge, apparaît au-dessus de la crête des Aiguillous et, très recueillie, semble regarder. »

Impressionnés par cette cérémonie à la pompe si simple et si touchante dans ce cadre harmonieux, descente sur Gèdre, à neuf heures du soir, et à l'Hôtel de la Grotte, pendant le souper, tout en regardant les herbiers célèbres de l'instituteur Bordères, conversation avec Lacoste, l'hôtelier, sur la nouvelle grotte du Vignemale, le Paradis, dont les huit mètres cubes ont coûté quarante jours de travail à huit hommes du village, qui deux fois ont failli périr : « quelles émotions neuves dans cette existence en plein ciel un mois et demi durant !.... »

Au port de Vénasque, impression extraordinaire. Qui croirait que, après la profusion des photographies, des récits, des joannes, l'effet ne soit pas escompté, même supprimé ? qu'il puisse encore y avoir inattendu et surprise ? Il en est ainsi. Bien plus : en montant, le capitaine R.... n'a même pas l'idée vague de ce qu'il trouvera de l'autre côté ! Dès l'hospice tout l'intrigue, au port le saisissement est complet, l'effet total. Et lorsque posté sur la Peña Blanca il se livre à une admiration analytique, la page est d'allure très particulière.

Impressions vives et originales au lac d'Estom, ou au col d'Aspin, ou dans la région d'Arrémoulit, ou dans la vallée du Lys et à la rue d'Enfer.

Devant le Pont d'Espagne — c'est-à-dire les Ponts d'Espagne, car maintenant il y en a deux, « l'ancien très pittoresque, à l'ossature de sapins, aux garde-fous de rondins croisés, le neuf en solide pierre » — une impression toujours puissante devant les deux gaves accourant dans un bruit de tonnerre — celui du Marcadau galopant à travers des blocs roulés, celui de Gaube glissant sur un épanchoir très incliné où il étale au soleil ses ruissellements de cristal fondu — puis s'élançant pour la dernière fois, « se heurtant l'un l'autre, se traversant de leurs flèches liquides, puis continuant leurs inutiles colères au fond du gouffre que troublent les vapeurs ; des troncs d'arbres brisés, des roches amoncelées témoignent de la lutte.... »

Et, du même coup d'œil :

« De l'autre côté des ponts, une hôtellerie à présent fermée (octobre) ; jonchant le sol, des escadrons de bouteilles vides, cuirassées encore des marques des grands crus et casquées d'étain.... » Et le jeune officier de penser aux lèvres qui trempèrent dans ces capiteux breuvages.

Ceci est typique. La montagne maintenant : un café ou un débit à côté de chaque chef-d'œuvre ; torrents et bons bocks, cascades et sirops, grottes et bols de lait, points de vue et apéritifs.

Eh bien, la génération nouvelle n'en est point gênée. Elle prend les Pyrénées comme elle les a trouvées, avec les modernisations qui font pleurer les vétérans des générations précédentes, les poètes et les rêveurs : routes carrossables, casinos, hôtelleries, cafés, etc.

(Une seule fois le capitaine R.... entre dans une colère bleue, à Luchon, au gouffre de Bounéou, annoncé par un écriteau comme le plus beau des Pyrénées. On ne se moque pas de la sorte du public. — Oh les gouffres à cinquante centimes ! Oh la main mise de l'indigène naïvement rapace sur les merveilles naturelles données en adjudication ! Et encore primitif et gauche aux Pyrénées, cela vaut mieux que la perfection suisse.)

Bien plus : pour les jeunes, montagne signifie autant plaisir mondain qu'exercice violent : pas l'un sans l'autre. Ils ont leur manière de comprendre le fameux axiome de Ramond, « le plus de climats dans le moindre temps » : c'est de le tenir vrai dans les deux sens, à la montée et aussi à la descente : à six heures du casino, le pôle, mais à six heures du pôle, le casino. A midi, dans la glace, vêtus en quasi-esquimaux, laine et clous, mangeant un pemmican quelconque du bout du couteau, ou des doigts. A huit heures en smoking et le bouquet à la boutonnière, devant la table somptueuse et fleurie, et de là à la pièce à succès arrivée de Paris.... A six heures du pic et de la poésie de la désolation, le mouvement, le gaz, la lumière, l'illumination, la musique, etc. La joie, la vie.

Et alors c'est Luchon dont il faut saisir l'effet grisant sur un jeune officier confiné dans sa garnison de Tarbes. Luchon ! magie de ce nom ! mais c'est Paris, c'est la fête !

Rappelons-nous la prédiction de Vaudreuil, sous la Restauration — de ce Vaudreuil qui fut lui aussi un bel excursionniste, car c'est à pied, nous dit-il, qu'il était parti de Paris le 15 mai 1819 « ayant dans sa poche une chemise de percale et une paire de chaussettes de fil » et muni d'un grand parapluie et d'un petit portefeuille ; à pied qu'il avait fait l'excursion Paris-Perpignan-Puycerda-Pyrénées-Bayonne-Paris (par la Normandie) en plusieurs mois : — *« C'est une grande courtoisie que d'appeler Luchon une ville, mais je crois que nos neveux verront une ville en ce lieu, car l'endroit prend de l'accroissement.... L'allée de tilleuls qui mène aux bains est bordée de maisons ; dans peu d'années ces maisons joindront la ville aux bains..., »* etc.

Elles plongeraient Vaudreuil dans l'ébahissement, les lignes enflammées du capitaine R...!

Il arrive un matin, pour faire la vallée du Lys.

« A sept heures trois quarts nous entendons les employés du chemin de fer crier : Luchon !

« Luchon ! nom glorieux que l'on a lu partout, syllabes magiques qui excitent en un instant dans l'esprit la vision d'une existence opulente et joyeuse : chants, fêtes, divertissements, plaisirs. Luchon, station thermale mirifique et cosmopolite, reine incontestée des Pyrénées ! »

Et après une description hallucinée, où « jaillit » l'architecture du Casino, où passent les cochers plastronnés de rouge et passementés de métal, claquant du fouet, les amazones à taille fine, les cavaliers cambrés et les guides coquets, où tout prend des couleurs de prisme, lorsque le soir il revient du cirque d'Enfer, dès Castelviel il prend feu : dans le fond, sous un ciel criblé d'étoiles, Luchon étincelle.

« Huit heures, nous entrons dans la quotidienne féerie nocturne. Lueurs innombrables, pianos et chants dans les salons, harpes et concerts à la belle étoile, orchestre du Casino voisin, fusées d'artifice s'avivant un instant en éclats variés.

« Sur le cours d'Etigny un monde fourmillant, les cafés emplis jusqu'aux contre-allées, et les femmes toutes belles aux lumières.... Oh cette impérissable mémoire des musiques aux insaisissables mélodies, des rapides amours pour des inconnues désirables et fugitives, des griseries flottantes, sous la voûte de tilleuls aux troublants parfums ! »

Songe qui brutalement cesse passé neuf heures, parce qu'il faut aller à la gare et ne pas manquer le neuf heures trente et un.

Tel — proportion gardée — avait été à Barèges, jadis, le lieutenant Chausenque. Mais outre que Barèges n'est pas Luchon, Chausenque n'a pas la forme rapide et tranchée de la génération de 1890. Il n'en a ni le nerf, ni les nerfs.

Car il y a une pointe de nervosisme chez le capitaine R.... Mettons-la sur le compte des nuits blanches.

Ainsi un matin, après avoir marché toute la nuit dans l'extrême fond d'Azun, le voici en présence d'un pic de sombre réputation :

« Le Balaïtous reparaît peu à peu, tout proche, grandissant à chaque pas, barrant de sa masse montante le cul-de-sac des pics Fachon et de Labassa. Et vers dix heures et demie nous nous sommes élevés assez haut sur le versant de la rive droite pour découvrir enfin, dans son ensemble, le difficile glacier de las Néous, horriblement fracturé, très livide sous le ciel de plomb, dominé par un effrayant à pic de colonnades prismatiques d'un brun sinistre, hérissé au couronnement d'une instable enfilade de surplombantes lames schisteuses, longue d'un kilomètre au moins. Temps lourd, morne silence. *Spectacle grandiose, mais très opprimant.* »

Et tout aussitôt, brusquement, l'artilleur est pris dans une aventure d'artillerie supérieure : canonné de cinq cents mètres par une avalanche de rochers qui passe à ses côtés et sur sa tête, brisant tout ; d'autres rochers se détachent par dix et vingt à la fois : véritable écroulement de la montagne du Montmaou. Le gosier serré, rivé au sol, le cœur battant, le regard suivant les projectiles de granit aux aveugles paraboles, calculant les chances, « dans la surexcitation nerveuse » l'officier fait encore de la psychologie : « ce qui est terrible c'est de sentir l'écrasement probable à tout instant, énervement si intense qu'il fait presque désirer l'atteinte. Près de moi volètent et jouent deux papillons.... »

Ceci est plus compliqué que Peytier.

IV

PYRÉNÉISME IMPRESSIONNISTE.
D'ARGELÈS AUX EAUX-BONNES.

Dans sa préface il se défend de savoir écrire : la vérité est qu'il écrit (presque trop travaillé, parfois) et de façon très inattendue pour un soldat ; topographe précis et technique, et en même temps jeune homme imprégné de la littérature courante de son temps, possédant même le vocabulaire le plus récent : le torrent qui s'éventaille, les écumes qui s'échevèlent, la tour qui émerge, les glaciers qui chamarrent, les becs de gaz aux tremblotements roux qui luciolent, les rebondissements sinistres et la végétation inquiétante....

Et au total, le capitaine R.... est impressionniste.

En quoi il est bien de la génération nouvelle, laquelle est impressionniste en masse.

Rien de nouveau jamais. Curieux avatars de la formule impressionniste aux Pyrénées à travers le siècle.

Azaïs, dès 1797, pour son excursion à Gavarnie, en a l'idée très nette et l'emploie, y compris le récit « à l'horaire ». Mais Azaïs est ridicule.

Tonnellé, très peintre, et neurasthénique, en tire un parti superbe.

D'une façon générale, tout pyrénéiste qui passe en Aragon devient impressionniste, frappé par tout, au vol, et par tout également : par les pics, les murs de rocs, les barrancos, les cañons, les pueblos, les balcons, les guitares, les gîtes, les insectes, les carabineros, l'huile, la façon du chocolat et le goût du vin.

Appliquez la même vision au versant français et vous êtes sûr de renouveler le sujet.

Mais à la fin du siècle, en pyrénéisme comme en littérature et en peinture où l'on en tire un parti très grand, l'impressionnisme devient nettement un procédé, une manière. Réaction contre l'écriture bitumineuse des pyrénéistes de la Restauration, contre le faire léché et insistant des alpinistes prolixes qui abusent ; netteté, instantanéité photographique, habitude de saisir l'impression au vol et de la rendre sur le champ, toute « sincère » ; plein air, *clairisme,* contrastes simultanés des tons, surtout exécution par petites

touches juxtaposées, pointillisme. Presque une impression
par ligne ; que d'impressions en trois cents pages ! L'amusant
est de les trier : il y en a d'une curieuse justesse.

Parfois même, malgré l'abandon de tout parti de compo-
sition, l'effet d'ensemble est pénétrant.

Un exemple caractéristique : passage d'Argelès à Laruns
par le col de Tortes, une nuit de juillet ; il faut citer au
long : c'est un chant par strophes, tout plein de l'arome des
Pyrénées :

« Huit heures et demie du soir, arrivée à Argelès. Sac au
dos et gourde au flanc, nous quittons la gare ; sur la terrasse
du Casino, bruits de verres, rires perlés. Nous gravissons
une rue en escalier où nos bâtons ferrés résonnent ; senteurs
de sureaux dans l'air. Sur la place, un carré de torches
fuligineuses où des saltimbanques amusent le populaire. Le
bruit du tambour décroît à mesure que nous nous élevons
par la route thermale au-dessus de la ville dont les becs
électriques accusent le plan triangulaire s'allongeant vers
Vieuzac.

« Pentes raides d'abord ; après la voûte sombre des grands
arbres, voici que le ciel se montre, splendide, sans lune,
d'un noir bleu criblé d'étoiles. Une planète qui semble
énorme monte à l'horizon vers le Sud, derrière les ruines
du château du Prince Noir, et la voie lactée, arc-en-ciel
phosphorescent, se courbe par dessus les pointes du massif
du Viscos.... »

Le Saut du Procureur dépassé :

« Au tournant, près d'Arras, les lumières d'Argelès
piquent encore une fois le bas-fond du confluent des deux
gaves, dans un lointain qu'exagère l'obscurité, et quelques
rumeurs étouffées montent de la ville, par la vallée, puis
tout disparaît ; seule, la forte voix des eaux se fait entendre.

« Déjà la silhouette crénelée du Gabizos barre l'horizon

devant nous, à l'Ouest, tandis qu'à gauche se montre le Labat de Bun que ferme la corne grise du Pic du Midi d'Arrens.

« Peu à peu les pentes diminuent et le gave se calme ; une large paix s'est faite dans la nature ; la nuit est douce, la brise souffle par bouffées tièdes ; le long du ruisselet qui murmure à droite, les vers luisants luciolent et dans les herbes bruissent les cigales ; quelque montagnard attardé nous croise comme une ombre et vite s'enfonce dans le noir.

« Aucun dort, Marsous dort. Derrière la vitre terne d'une vieille fenêtre à l'encadrement de pierre sculptée pâlit une lumière ; mais tout est silencieux et pas un visage humain n'apparaît. A droite, la masse sombre des monts, à gauche, la haute vallée d'Azun se prolongeant en une suite de contreforts aux pitons aigus.... »

Arrens franchi, moment de repos et légère collation.

« Pas un nuage au ciel : au delà des maisons, le gave glisse entre deux rangées d'arbres frissonnant au vent, et baigne le pied de la chapelle de Pouey la Houn dont le dôme rustique se profile dans l'air. Minuit sonne, et lentement les vibrations s'éteignent dans les échos des monts.

« Nous nous levons tôt, car la montée est rude vers les pâturages d'Artigaux. Les lacets se développent et l'horizon s'agrandit vers le Sud ; dans le fond d'Azun, au-dessus des hauts versants en forme de V, commence à se dresser le cône tronqué du Balaïtous, la diabolique montagne dont le glacier blanchit, paraissant émettre des lueurs. Çà et là quelques granges aux pignons en gradins, aux toits inclinés touchant presque le sol. Aboiements de chiens ; de temps à autre tinte une clochette brusquement secouée et nous découvrons dans un parc à claies quelque troupeau qui sommeille.

« Le ruisseau nous a abandonnés et des flaques d'eau stagnante, où se reflètent les étoiles, indiquent le voisinage

du premier point de partage des eaux. Bientôt nous
atteignons le col de Soulor.

« Il va être trois heures du matin ; de la ligne de faîte qui
sépare les vallées de l'Ouzon et du gave d'Arrens, spectacle
étrange et inoubliable : tout autour de nous, les silhouettes
sombres des monts entaillent le ciel, à la même distance
par défaut de perspective, comme si nous étions au centre
d'une immense arène aux contours ruinés et inégaux ; au-
dessus de nos têtes, le scintillement affaibli déjà des astres
sans nombre, et dans le bas les grondements des eaux.... »

Alors, vient la première descente, sous les dents du
sauvage Gabizos à gauche ; la route en corniche, le fameux
tunnel de la roche Bazen, sous lequel les excursionnistes ne
manquent pas de pousser des cris pour le faire résonner.
« Les parois verticales semblent nous poursuivre et nous
éprouvons, avec l'énervement d'une nuit sans sommeil, au
crépuscule du matin qui fausse les objets, une sorte d'hallu-
cinante sensation d'écroulements sinistres.... »

Des ablutions ayant chassé le sommeil, on remonte vers
le col d'Aubisque :

« Du côté de l'Ouest, quelques nuées d'un violet lavande
se forment lentement un peu au-dessus de l'horizon, tandis
que dans la coupure d'Arbéost une zone de brume rougit
déjà aux premiers feux du matin. A l'orient le ciel revêt
successivement toutes les nuances, pourpre, jaune safran
et vert pâle ; » (le fameux rayon vert, si rare !) « les étoiles
peu à peu s'éteignent.

« Et soudain, derrière le double piton qui sépare l'Estrem-
de-Salles de la vallée de Ferrières, émerge le disque du
soleil. Un âne brait au loin avec énergie, saluant à sa
manière le lever du jour....

« Cinq heures et demie, le col d'Aubisque apparaît. »

Et ici, pour la descente, le rythme change, et roule rapide :

« Le col dépassé, vue subite et admirable. A un millier

de mètres au-dessous, sur une distance horizontale de quatre kilomètres, dans un gouffre vert foncé, bleuissent les toits des Eaux-Bonnes, où la route dévale en terribles lacets, brodant le cours du Valentin qui se précipite de cascade en cascade.

« Vers le Sud, émergeant des sapinières, un hémicycle imposant de montagnes aux étonnants reliefs, nulle part ailleurs rencontré, où le roc blanchâtre semble fraîchement cassé, avec des neiges dans les creux.

« La Latte de Bazen en forme de scie, l'obélisque du Pennéméda, le massif du Ger aux puissantes nervures, le Pambassibé aux murailles en surplomb ; et plus loin à l'Ouest, terminant la vallée, la haute chaîne entre Aspe et Ossau, au-dessus de laquelle apparaît la sentinelle du pic d'Anie, et dont une légère bande nuageuse semble liserer les crêtes.

« Le soleil brûle déjà ; dure descente....

« Vers les cabanes de Gourette, troupeaux de vaches, taches fauves sur fond vert ; dans l'air planent et crient de grands oiseaux de proie....

« A un détour de la route, cascade de Laressec....

« Le Valentin poursuit ses bonds scabreux, dont la plupart, sont catalogués : le Gros-Hêtre, Iscoo, le Serpent. La chaleur devient caniculaire, sans un souffle d'air, et les mouches sont dévorantes.

« Apparition de la civilisation en la personne d'un élégant vêtu de gris qui passe au galop de son cheval, les souliers jaunes enfoncés dans les étriers.

« Les Eaux-Bonnes.... »

L'officier les aime, les Eaux-Bonnes : après tout, au grand soleil l'endroit paraît gai, et en somme il l'est bien autrement que beaucoup d'autres ; il vaut la description tout comme Panticosa, au moins (rappelons-nous Adolphe Moreau). Aussi il y reviendra, le capitaine R.... Un jour d'août il conduit ses hommes au col de Tortes. Après les impressions très vives de la fête de Laruns, des costumes et des danses ossaloises, s'arrêtant aux Eaux-Bonnes, le soir, il écrit ce bref mais complet petit morceau, véritable grain d'alcaloïde pyrénéiste. — Roqueplan aurait dit : de *pyrénéine*.

« La nuit se fait, et la ville d'eaux s'illumine ; hôtels et Casino flamboient. Baigneurs et baigneuses vont et viennent dans la lumière des baraques où se vendent les souvenirs des Pyrénées, vers la promenade horizontale.

» Sur un banc du jardin Darralde, nous passons une heure courte, abrités par les feuillages légers qu'agite une brise tiède chargée des aromes des grands bois voisins, Gourzy et Bouy. Nuit d'une incomparable douceur, astres aux scintillements vifs brochant le velours sombre du ciel ; air exquis à respirer, d'une pureté inconnue dans les plaines.

» Tout près, heurts de verres dans les cafés aux vérandas de coutil rayé, éclats secs des tirs de salon, musique rêveuse de quelque réception intime.

» Montant des bas-fonds, les grondements affaiblis des cascades du Valentin, et vers la butte du Trésor, des bourdonnements indistincts pareils au bruit des coquillages, nous parvenant de la gorge de la Sourde d'où se penche sur nous, étonnamment clair et rapproché, le Cavalier du pic de Ger.... »

V

IMPRESSIONS DE BALAÏTOUS.

Mais cet excursionnisme manque de pics....

En voici un, enfin ! dont le capitaine R.... est obsédé, et non des moindres.

Le Balaïtous.

De Tarbes les yeux de l'officier reviennent sans cesse,

malgré lui, sur ce pic légendaire et redouté, sur ses épaules inégales, ses deux glaciers miroitants, son noir couronnement terminal.

Le Balaïtous pour début, le Balaïtous par des ascensionnistes de hasard avec un guide d'occasion, et naturellement le Balaïtous en un jour de Tarbes à Tarbes, c'est bien !

Du Lequeutre de première qualité.

Le récit est un des plus curieux du cycle balaïtique, pourtant si riche. Très nouveau. Une « tranche de vie » ; impressions de pyrénéistes très renseignés, et concurremment impressions de novices pour la première fois en contact avec « la difficulté ». Très naturel, très franc, très français. Et bien de notre temps : la forme « à l'horaire », en tableaux, par silhouettes nettes ; un spectacle d'ombres par Caran d'Ache et Henri Rivière : « la Marche au Balaïtous ».

Pour le Balaïtous les excursionnistes tarbais sont deux. Deux officiers : le capitaine R.... et son ami le capitaine P.... ; celui-ci, corps vigoureux, quatre-vingt-quatre kilos, poids sérieux pour ponts de neige.

Un beau soir d'août, donc, sept heures, départ de Tarbes, le regard tourné toujours vers Balaïtous qui jaillit en bistre sur l'horizon rouge-jaune mourant. A Boo-Silhen on le perd de vue.

Huit heures et demie, Argelès. Ici on racole un troisième amateur, brigadier des douanes, qui étonne les officiers en se munissant uniquement d'une canne à pêche.

Onze heures, Arrens. Ils s'adjoignent pour guide un chasseur d'isards dont on leur a dit merveilles (tout le monde, aux Pyrénées, ne peut pas travailler avec les Passet). Court repos dans les bons lits de l'hôtel de France.

Une heure, départ, nuit sans lune. Et passé Pouey la Houn voici le capitaine R.... dans l'inégal et pierreux sentier muletier du haut Azun (foulant à son tour cette véritable

voie sacrée que foulèrent Peytier et Hossard, Packe, Russell,
Lequeutre, Wallon, Brulle et Bazillac, tout le grand pyrénéisme historique). Le chasseur d'isards ne dit rien et presse
le pas. La canne à pêche s'accroche aux buissons.

Deux heures trois quarts, subitement Balaïtous reparaît
avec ses neiges pâles : il semble tout près, et il est à neuf
kilomètres !

Quatre heures , Plan d'Asté. Balaïtous s'est caché. Le
ruisseau tapageur de Riougrand bondit, précipité du lac
Migouelou. Au fond s'échancre le pas d'Azun.

Quatre heures et quart, petit bois de sapin où la canne à
pêche échappe encore au trépas : un ressaut à franchir.

Quatre heures et demie, lac de Suyen d'où les étoiles peu
à peu se retirent. Le crépuscule du matin se fait et la nudité
du site s'accentue.

Quatre heures trois quarts, étang de Doumblas et pittoresque cascade de Larrivet. Le douanier se met en posture
de pêcher. Protestations. Il ne s'agit pas de pêcher : il faut
délibérer. Conciliabule : quelle route prendre ? Batcrabère
et la Barane ? — Non : à tant que faire il faut faire grand et
tenter l'aventure par La Bassa et le glacier de Las Néous,
peu banal et dangereux suffisamment. La canne à pêche
est remisée, départ.

Cinq heures et demie, le soleil s'est levé, très pur. Cabane
de La Bassa et son berger. Déjeûner sérieux.

Cinq heures trois quarts : en avant !

Grave et belle (on aimerait se figurer Peytier écrivant
ainsi) la page de la lente montée — fortement impressionnée
et un peu préoccupée — dans l'immense couloir de La Bassa,
entre Berdoulet-Fachon et Remoulis, chaque pas découvrant
davantage la fière montagne, qui se présente sous la forme
d'un rempart basaltique formant vanne dans le glacier,
l'angle aigu du barrage, à droite, contenant le sommet : le
soleil rasant jette des teintes fauves sur la crénelure très

déchiquetée, tandis que le bas des parois plonge dans l'ombre, s'assombrit encore au contraste des neiges. Les quatre hommes atteignent les éboulis de la crête de Fachon ; les grondements du ruisseau de Balaïtous, appauvri, étalé en petit marécage, meurent à leurs oreilles : plus un bruit, et ce calme a quelque chose de sépulcral. Et plus ils approchent plus le Balaïtous se hausse en bloc, comme soulevé par quelque machine invisible. Déjà ils ont sous eux l'extrémité inférieure du glacier qui se creuse à gauche et d'où s'écoulent des filets d'eau maigres, salis de déjections blanchâtres. Puis le petit lac de Fachon — bleu sombre liseré de glace — doublé, sept heures et demie, gravissant le deuxième promontoire, ils se trouvent soudain en présence de la partie moyenne du glacier....

Il est d'une belle couleur vert-bouteille aux reflets d'étain, un gigantesque four de verrier épanchant ses scories. Il faut l'attaquer par son milieu, pente dessus, pente dessous : sa longueur ainsi paraît doublée. Il est du reste assez découvert et assez mauvais....

Ah ! le « mouvement répulsif », l'instinct, devant le premier glacier ! Pour y couper court, le guide s'embarque, il faut suivre, emboîtant ses traces. La pente n'est pas très considérable, la chaussure mord, la surface est à peu près saine. Grandiose devient le spectacle : progresser lentement dans une sorte de basse-fosse aux parements formidables, acculée dans le fond aux vertigineuses murailles vers lesquelles le glacier monte en serpentant. *En se retournant on aperçoit la coulée de glace qui se gonfle et tombe au-dessous du point de tangence du rayon visuel, et il semble que cette cataracte d'un blanc bleuâtre pour le moment solidifiée, va redevenir liquide et vous emporter* (scientifique, mais c'est ça). Entre ces deux murs de prison horriblement inexorables, sensation douloureuse d'écrasement et d'abandon....

La raideur s'accuse : il faut louvoyer. Quand on allait
droit, passe encore. Mais dans la marche de profil la vue a
tout loisir de se porter au-dessous sur la glissoire blanche,
qui à chaque bordée, s'approfondit. Les crevasses ont des
bords lézardés : on entend avec horreur monter par ces
sombres et froids soupiraux la sorte de plainte étouffée
d'une chose qui souffre, écrasée par son poids.

La grande crevasse doublée, le glacier s'incurve tellement
qu'on est obligé de se jeter franchement à droite. Attention !
dit le guide, peu loquace. Et entre la rimaye et le glacier
presque à pic avec sa grande crevasse qui baille, il s'engage
*sur une tablette pas plus large qu'une bordure de trottoir
et plus inclinée qu'une main courante d'escalier* (ceci,
c'est la fameuse arête de la rimaye : un couloir de Gaube
pour débutants).

Le guide taille les premiers degrés et éclabousse de
lamelles ses voyageurs qui se sont accroupis, consternés.
Personne n'ose commencer une reculade, mais on bénirait
la circonstance imprévue qui rendrait la voie impossible.

Le soleil paraît, irradiant les glaces. Neuf heures.

— Passez donc, brigadier. — Après vous, Messieurs !... De
la politesse, certes, mais un entrain médiocre. Toutefois on
s'engage sur les encoches artificielles, *avec une précaution
extraordinaire, ayant une envie perpétuelle d'étreindre
à bras le corps cette espèce de lame de scie* (comme c'est
ça !) et pas possible de s'attacher, la marche est de flanc.
Pour comble, le soleil grille et éblouit. Les fragments de
glace que détache le guide se précipitent avec un fracas qui
serre le cœur. Si on tombait, vaudrait-il mieux côté glacier
ou côté rimaye ? (c'est la question de Russell : la réponse est
la même). Côté glacier, et se briser au jour ; finir dans la
rimaye, épouvantable ! *Du reste si quelque génie bienfai-
sant offrait de ramener les ascensionnistes à Labassa sous
condition expresse de renoncer désormais à toute ascen-*

sion, on accepterait (comme c'est ça ! il n'y a pas à en rougir : c'est Whymper aux Ecrins)....

Neuf heures trois quarts. Eh bien ! tout de même, on y est, au sommet du glacier ! Alors on lève la tête et derrière la rimaye on aperçoit une obscure muraille qui se dresse d'un jet à une hauteur inimaginable. Au bas, une manière d'entonnoir, goulot qui se réunit au glacier par une langue de glace large de cinquante centimètres. — Passer cela ? Ah non, par exemple ! il doit y avoir un autre chemin. — Il n'y en a pas d'autre, dit sentencieusement le guide, qui s'attache, sonde, passe à plat ventre, débarque, s'accroche aux aspérités, lance la corde ; le douanier, hardi compagnon, suit, puis le capitaine R... ; le capitaine P... sous son poids fait crouler le pont par le bord, culbute, et, retenu par six mains crispées, exécute quelques mouvements pendulaires dans la rimaye. On le remonte. Pas de mal. Mais quelle angoisse !

Quelques gouttes de chartreuse, puis l'entonnoir final, *tuyau d'écoulement raidi à quatre-vingts degrés.... Entre deux crachements de mitraille nous attaquons cette tuyère de hotte de cheminée renversée* (ça, c'est la grande et fameuse cheminée Est), *nous nous aidons de tout, pieds, mains, coudes, menton, même du ventre.* Passé les cinq ou six premiers mètres c'est un peu moins mal. Cri du guide : *garde à vous !* chute de pierres, et les cailloux de zigzaguer en foudre. Cri du brigadier : *Nom de nom ! on devrait établir ici un dépôt de casques à incendie : celui qui les louerait ferait sa fortune* (bien gaulois). Un piolet s'échappe et file comme un javelot.... quelle chute ! elle donne l'idée de celle qu'on ferait.... Dernier effort. Le monstre est terrassé. Dix heures et quart : sommet.

« Nous débouchons en plein ciel et la clarté nous inonde, les yeux clignotants nous nous accotons près du signal de la triangulation. *La tourelle date de 1825 et elle fut construite par les soins des officiers géodésiens pour les*

travaux de triangulation qui ont précédé la confection de
la carte d'État-Major. Elle a servi à la détermination du
quatrième parallèle, de Bayonne à Perpignan(très bien !) ;
il y avait tout près une tente ; les piquets de bois ont disparu,
mais il semble qu'on en distingue encore les trous en cercle
sur la pierre noirâtre et fendillée du sommet.... Le temps
est splendide et le panorama indicible.... La majeure partie
des Pyrénées françaises et des Sierras espagnoles est sous
le regard, avec, au Nord, les plaines de l'Adour et l'Océan
Atlantique.... Ce qu'on retient, c'est un prodigieux ensemble
de vagues pétrifiées, aperçues de l'écueil où nous nous
trouvons nous-mêmes ; car nous sommes bien isolés dans
l'espace sur ce roc ruiné, entourés d'éboulements de granit,
environnés de précipices dont nous ne voyons pas le fond.
Le soleil darde partout, et il éclate sur toutes choses une
lumière aveuglante et crue, avec une vibration qui rend l'air
tangible : le paysage prend un relief et une couleur extra-
ordinaires. Vers la France, Tarbes et Pau dans une plaine
estompée de violet, et la ligne phosphorescente de la mer.
Vers l'Espagne, des vapeurs orangées et quelques petits
nuages rutilants, sur une succession décroissante de gros
plissements parallèles, que semble trancher par le milieu
l'épine dorsale monstrueuse de la Frondella rapprochée,
échine hideuse, presque au niveau du Balaïtous. Tout près,
une note joyeuse : les deux petits lacs d'Ariel, d'un vert
émeraude, étincelants, inouïs, qui semblent nous fixer. Au
ciel, du bleu violet intense. Spectacle d'autant plus sublime
que nous sommes plus en l'air nous-mêmes et plus perdus....
Quatre effrayantes arêtes flanquent le méplat du sommet de
Balaïtous à peu près dans la direction des quatre points
cardinaux.... »

On grignote pain et chocolat. Café ballotté.

Onze heures, il faut partir. Ce n'est pas qu'on tienne à
revoir la grande cheminée, ah mais non ! Mais il le faut. Un

peu de chartreuse, le coup de l'étrier. — Allons, Messieurs!
Rentrée dans « le sinistre tuyau », le gouffre sous soi,
livide comme un suaire : quelques brouillards légers, à mi-
flanc de la cheminée, repoussent encore plus loin les bas-
fonds. Rapprochés tous quatre pour ne pas se fusiller de trop
haut avec les pierres, descente. Pour les derniers mètres,
difficiles, le guide se cale, largue à la corde les excursionnistes, qui se balancent en tournoyant le long du roc, et
rejoint avec une agilité d'écureuil.

Hardi sur le pont de neige! Passé! Pas d'accident.

Le glacier scintille pour tourner la tête des débutants, la
grande crevasse fait mine de les avaler, la rimaye paraît
vouloir les aspirer, les cannelures des rochers les sollicitent
au vertige ; en vain : *on s'est habitué à tout cela.* Ce ne
sont plus des débutants, les monstres leur sont devenus
familiers. Redoublement de prudence toutefois sur la lame
de scie, « mais le péril est moralement amoindri par la
confiance ». A présent le soleil donne, le site (ci-devant
basse-fosse et murs de prison) revêt des teintes moins
austères ; on contourne la grande crevasse peu intimidés
par la descente ; la glace offre prise, on détend les zigzags ;
les petites crevasses, on aurait envie de les sauter!

Et quand, descendus en vue du lac de Fachon, on débarque,
il y a longtemps que le moral est tout à fait remonté.

Alors : à deux heures à Labassa ; festin pantagruélique,
soupe au lait, soupe au lard, conserves variées, confitures,
pain frais, vin, café, chartreuse, on chante, on crie à démolir
Fachon et Montmaou à la fois. Trois heures et demie, poignée
de main à l'hôte de la cabane : au lac de Suyen on octroie
généreusement un petit quart d'heure au douanier, pour sa
pêche. On dévale. Six heures et demie, Arrens. Neuf heures,
Argelès : gourmandise d'un repas civilisé. Dix heures et
quart, le train : à travers les lanternes du quai le brigadier
de sa canne à pêche fait des gestes d'adieu....

Et maintenant, quand nous reverrons le capitaine R...,
désormais vétéran, ce sera dans les mauvais pas et chevauchant vers la Munia, sur la crête de Troumouse.

Point besoin d'ailleurs qu'il monte cinquante pics. Avec
cinquante pages le capitaine Rayssé (le nom nous échappe !
eh bien, ce qui est dit est dit) se classe pyrénéiste de premier
-rang, savoureux évocateur d'impressions, très singulier.

VI

VÉLO.

Nouveau et bizarre ! Sur les routes pyrénéennes, des
hommes à vague aspect de canotiers et des femmes en
culotte, à cheval sur deux roues assemblées l'une devant
l'autre, agitent frénétiquement les jambes et semblent courir
dans le vide....

L'enfantine draisienne de la Restauration, l'éphémère
vélocipède Michaud du second Empire ressuscitent sous la
forme triomphante : la bicyclette, le « vélo ».

Peu nombreux encore en 1890, en 1896 les cyclistes sont
myriades. Et alors, aux Pyrénées on parle l'argot de *bécane*,
qui d'ailleurs cesse vite d'être un argot : *faire du quinze à
l'heure, du vingt-cinq, monter du huit, pédaler* aux cols,
ne pas *emballer* à la descente pour ne pas *ramasser une
pelle* (ou une *bûche*), *déraper, pneu* (essentiel, le fond de
la langue), *gonfler, crever* ; et, sur toutes les auberges ou
cafés, l'écriteau : *Ici coup de pompe.*

Les cyclistes se groupent en associations, l'*Union Véloci-
pédique Française*, le *Touring-Club*, l'U. V. F., le T. C. F.
L'occupation du Touring : il fait comme Dusaulx, il appose
la plaque. Mais Dusaulx n'en mettait qu'une, et rassurante.
Le Touring, lui, hérisse les Pyrénées d'écriteaux qui sèment

la crainte (le *trac*) : *Cyclistes, attention ! descente rapide, tournant dangereux !*

Répercussion sur la bibliothèque pyrénéiste ; les guides spéciaux (bien curieux dans cinquante ans).

J. Bertot. *Guides du Cycliste en France. De Paris à Toulouse et aux Pyrénées.* Paris, Boudet, in-12 de 236 p.

Guides vélocipédiques régionaux. Les Pyrénées, de Bayonne à Perpignan, par A. de Baroncelli. Paris, in-12 de 174 pages. Quarante-cinq jours pour faire la chaîne en détail.

Merveilleuse, après un demi-siècle de chemin de fer, cette lassitude du chemin de fer (quitte à le reprendre, le *grand frère*, à la première fatigue : la caractéristique des cyclistes est d'encombrer les gares), cette rage de vitesse en plein air, d'action physique, de progression due à ses seuls muscles.

Curieux, ces raids à travers la France, cette remise en valeur de pays infréquentés (Ariège, Aude, Pyrénées-Orientales) et cette reprise des routes françaises (et ça ne fait que commencer). Mais aussi, comme elles sont *véloçables !*

Autre chose :

En approchant de Luchon, sur la montagne au loin une égratignure rectiligne, des points s'y meuvent : on dirait des acarus dans leur sillon.... C'est bien une maladie parasitaire de la montagne, les Pyrénées sont en train d'attraper le mal suisse : le funiculaire — en attendant la crémaillère....

Funiculaire de la Chaumière, à Luchon ; tout à l'heure funiculaire du pic de Jer, à Lourdes. Assez bénins.

VII

LE *BULLETIN PYRÉNÉEN.*

A situation nouvelle, périodique nouveau.

Chaque périodique n'a qu'un moment.

Le *Bulletin Ramond* a eu son moment: l'exploration des grands pics. A présent il vit comme il peut, à force de grammaire basque, d'histoire, de rétrospectif. (En rééditant la *Lettre de Bertin à Parny*, il nous fait revivre dans le Saint-Sauveur et le Gavarnie de la fin du XVIIIᵉ siècle). Pour les hautes régions il est à la portion congrue. Quelques courses de Gourdon : *(Haut Azun* et velléité sur la crête vertigineuse de Courouaous, plongeant sur l'extrême Batcrabère; *Tusse de Vargas*, voisine du port de la Picade; *Port d'Aygues-Tortes et lac Caillaouas;* — une de Cénac: *Eaux-Bonnes à Cauterets par les pics d'Ariel*, arête N.-E., *et d'Enfer*, seconde ascension par le Nord).

L'*Annuaire du Club Alpin* a eu son moment: la Pléiade, la découverte du versant espagnol. Toujours fortement rédigé il n'accepte que des articles de réelle valeur et neufs, mais ceux-ci, sur les Pyrénées, se font bien rares !

Le *Bulletin Sud-Ouest* a eu son moment: le temps du grand tourisme. A présent il est du plus singulier aspect: un recueil administratif; rapports d'un préfet à son Conseil général ! Tout à la viabilité, aux chemins et refuges: comptes-rendus sur la situation des chemins et refuges, budget des chemins et refuges (très en ordre ; tout est prévu, jusqu'aux frais de bureau et aux étrennes du facteur) ; les Pyrénées donnent la sensation d'une chaîne correctement administrée. C'est très français.

(Nous sommes dans l'ère des refuges : après Tuquerouye,

Prat-Long au fond du cirque du Lys, refuge d'ailleurs placé trop bas, — refuge Packe au col de Rabiet, — la maison recommandée de Fouga, à Fabian-Castets, au débouché du val de Couplan, — un abri gardé projeté au col du Vignemale, — et un en construction sous le Canigou.)

Le *Bulletin de la Section du Canigou* (pour 1894 et 1895), n'a pas vécu. La section a préféré appliquer ses fonds à la création du refuge.

La *Revue des Pyrénées* vit : elle continue à représenter le pyrénéisme de conversation. — Vallot, qui fut pyrénéiste avant d'être l'homme du Mont-Blanc : *Mécanisme de la destruction des pics granitiques. — Note sur le guide itinéraire de Catalogne par Arthur Orsona.* — Et du rétrospectif, toujours — le rétrospectif tient la corde —: A la fin de *Dernier voyage de la reine Marguerite et de Jeanne d'Albret à Cauterets en 1549*, un appendice des plus curieux : *Le vieux Cauterets;* les chemins au xvie? l'équivalent de nos sentiers muletiers les plus durs; Cauterets? un humble village d'en haut, accolé au flanc du Pic-des-Bains, cabanes et bains; — la cure? boisson, bains, fanges, et un vigoureux et scandaleux frottage des femmes, nues dans leur bain, par des *frétayres*, frotteurs ; — les deux saisons réputées ? mai et septembre; — la vie? tranquille, sans nul souci: la promenade, *le plaisir des compagnies qui s'y trouvent*, comme dit Montaigne; en somme, la cure d'altitude aussi....

Le *Bulletin du Club Alpin*, mensuel, vit: il est bien dans la donnée nouvelle, un recueil de faits divers, enregistrement d'excursions, etc....

Et voici le périodique de la situation nouvelle, de l'excursionnisme.

Le *Bulletin des Excursionnistes de Béarn*, devenu bientôt le *Bulletin Pyrénéen*, Pau, 1896 et suiv. (De 1896 à 1903, 42 numéros formant quatre volumes de 171, 360, 427 et 468 pages : et une livraison supplémentaire de 70 pages : ci 1500 pages).

L'essentiel, le point de départ du nouveau recueil, c'est l'enregistrement des excursions et les horaires. De même que nul ne doit monter dans un omnibus sans être *sonné* par le conducteur, nul excursionniste ne doit faire un pas sans être sonné dans un bulletin. Et nul ne doit laisser ignorer l'horaire de sa montée au pic du Midi, ou au Mail de la Girole, ou au Béout (789 mètres), ou au cirque de Lhiéris, ou à la Gentiane, ou à l'Alian, ou au Grum, ou au Monné, comme aussi au Vignemale et au Balaïtous. Puis on bavarde : congrès, équipement, faits divers.

Et, peu à peu, pour l'agrément, quelques articles, souvenirs d'ascensions, concis, joyeux, sans prétentions, d'excursionnistes qui signent *Sacodo*, ou *Piolet*, ou *Piquenmain*, ou même *Saladrus*, et qui n'en écrivent pas plus mal pour cela. Ils sont de l'école moderne, qui voit vite et bien et note bref. Le *Pic du Midi*, les *Gorges de Holçarté*, et le *Pic d'Ossau*, de Sacodo, le *Lauriolle*, le *Ger*, le *Balaïtous*, le *Gabas à Gavarnie par les cols d'Anéou et de Brassato*, de Piolet, la *Haya*, de Piquenmain, sont de bons granules de pyrénéisme, qui s'absorbent agréablement.

Et voici que, petit à petit, par la S.E.B. va se créer un chapitre important du pyrénéisme : *les excursions à faire de Pau :* à la fin du xixᵉ siècle le *Joanne* les ignore encore à peu près toutes ! Il faudra attendre le commencement du xxᵉ siècle pour que le *Joanne* de 1901 en énumère subitement *cinquante-et-une !* toute la série des belvédères entre Pau et la grande chaîne, pic de Rébénacq, gorges de Germe, Rey, Soum de Mail, Sésérite, beau et pénible Moullé de Jaout 2051, Durban, Hourcat recommandé, Rocher d'Aran ; Mail Massibé à la vue magnifique, pic Larje 1888 et son voisin le difficile Lauriolle 1791 (bien que peu haut : pour l'avoir, celui-ci, il fallut Orteig, avec Carrère, conduisant

Henri Ritter, 3 novembre 1889), crête de Boila, signal de Béon, Toussaüt, Auzu, Soum de Grum à la très belle vue, les Cinq-Monts, le Pan, — la Gentiane, le remarquable Lorry, l'incomparable Cézy, la montagne d'Izeye (ici Pau prend Laruns comme une de ses dépendances !) — la splendide Estibette des géodésiens, Soum de Granquet à la vue immense, Merdanson, Mondragon, le beau Bazès, Pène de Hèche, sauvage Male Taule, Soum de Conques, superbe Prat deü Rey, etc.

Les photographies du *Bulletin Pyrénéen*, excellentes.

Et sa philosophie aussi. La douce philosophie de Sacodo : « *J'en suis fâché pour l'alpinisme, mais personne n'a pu décrire avec vérité les sensations que l'on éprouve en montagne. Ce qui ressort de tous les récits, pour les profanes, c'est qu'on prend tellement de peine en montant, que seul, le déjeùner a l'air de faire plaisir.... Lisez les récits d'excursions, ils sont tous pareils, il semble que l'on prenne à tâche d'exprimer sur un ton lyrique un enthousiasme incompréhensible. Mais les sensations de l'excursionniste sont faites d'éléments intérieurs et extérieurs, physiques et immatériels..., œil, pensée, poumons, imagination..., mélange subtil qui grise ainsi qu'un bon vin, mais ne se traduit pas.... Il faut y avoir été !* »

Sacodo, c'est Brugnot, le rédacteur en chef du *Bulletin*.

Piolet, un commis des Postes, Henri Ritter.

Piquenmain, un élève du lycée de Pau, Joseph Aylies.

Puis peu à peu, le *Bulletin* va se corser. Russell lui a fait publier le récit de l'ascension d'Angosse au pic d'Ossau en l'an x. Un jeune pyrénéiste vigoureux et érudit, Alphonse Meillon (qui débuta dans l'*Annuaire* de 1868; *Huit jours à travers Monts* : Cauterets, Panticosa, Brazato, Torla, Arrazas), attaque un autre point curieux, le Vignemale rétrospectif, difficile à débrouiller d'ailleurs, et sur lequel il faudra revenir ; il prépare aussi de loin un travail sur la toponymie de la région de Cauterets. (Nous y apprendrons qu'en somme tous les noms propres de la topographie pyrénéenne, si bien sonnants en patois et d'allure extraordinaire, sont, traduits en langue vulgaire — c'est-à-dire en français — des noms extrêmement communs et revenant toujours à désigner les incidents ordinaires du terrain de montagne : le Pâturage de la Fontaine, le Ruisseau-Blanchâtre, le Couloir-d'Avalanche, le Mauvais-Pâturage, le Mur-Rond, etc., etc.)

Tout à l'heure viendront d'autres collaborations.

Et peu à peu le *Bulletin Pyrénéen* se trouvera être un document type et essentiel.

Mais ce qu'il aura de plus typique, ce sera son titre, de plus en plus développé par l'accession de tous les excursionnismes, et qui finira par être :

Bulletin Pyrénéen, publié avec le concours de la Section Basque, de la Section de Pau, de la Section de Bagnères-de-Bigorre et de la Section des Pyrénées Centrales du Club Alpin Français (C. A. F.) — de la Société des Excursionnistes du Béarn (S. E. B.) — de la Société des Touristes Ossalois (T.O.) — de la Société d'Excursionnistes de Bagnères-de-Bigorre (S. E. B. B.) — et de la Société des Excursionnistes Tarbais (S. E. T.)

Ceci peint un temps.

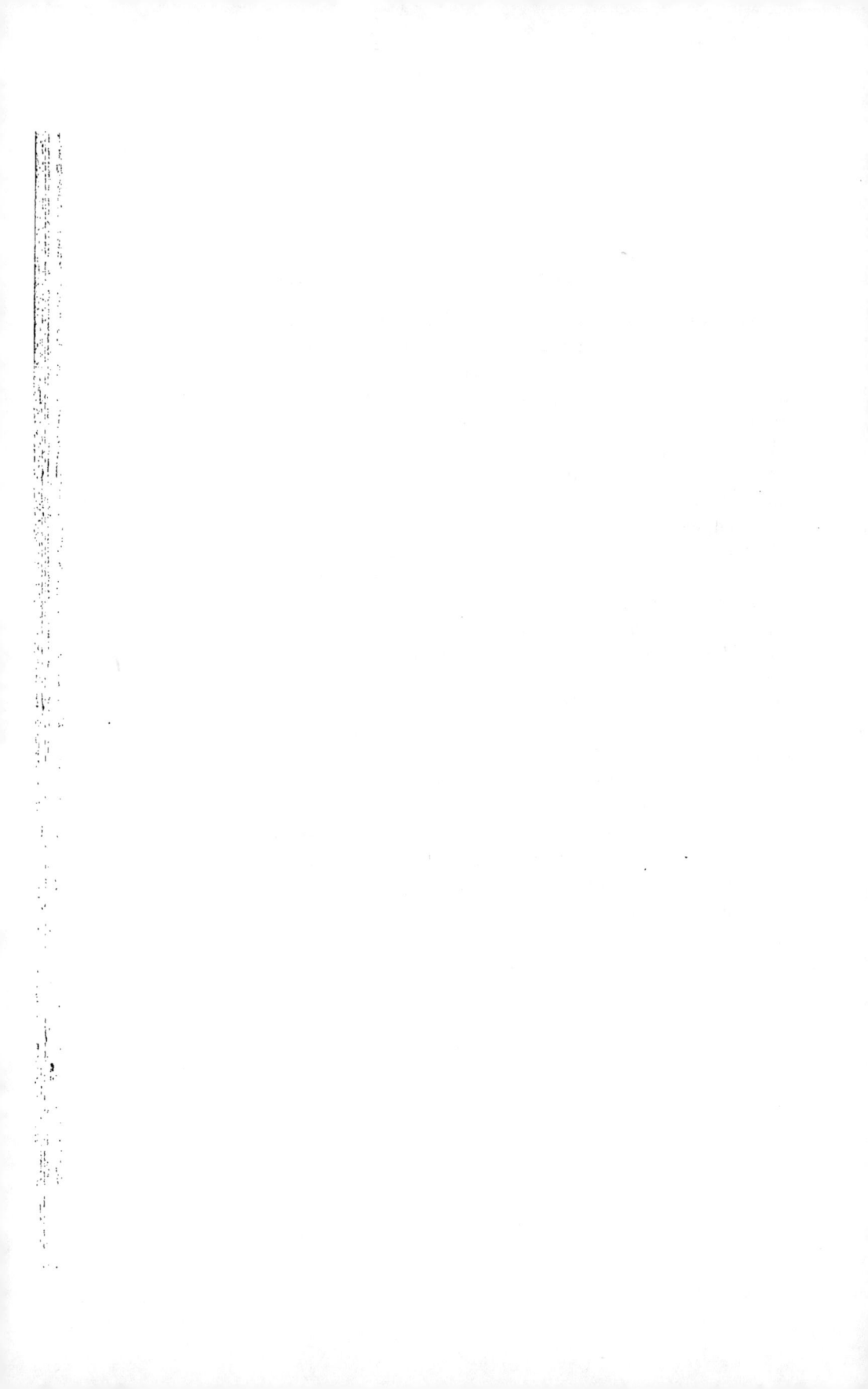

TABLE DES MATIÈRES

LILLE. — IMPRIMERIE L. DANEL.

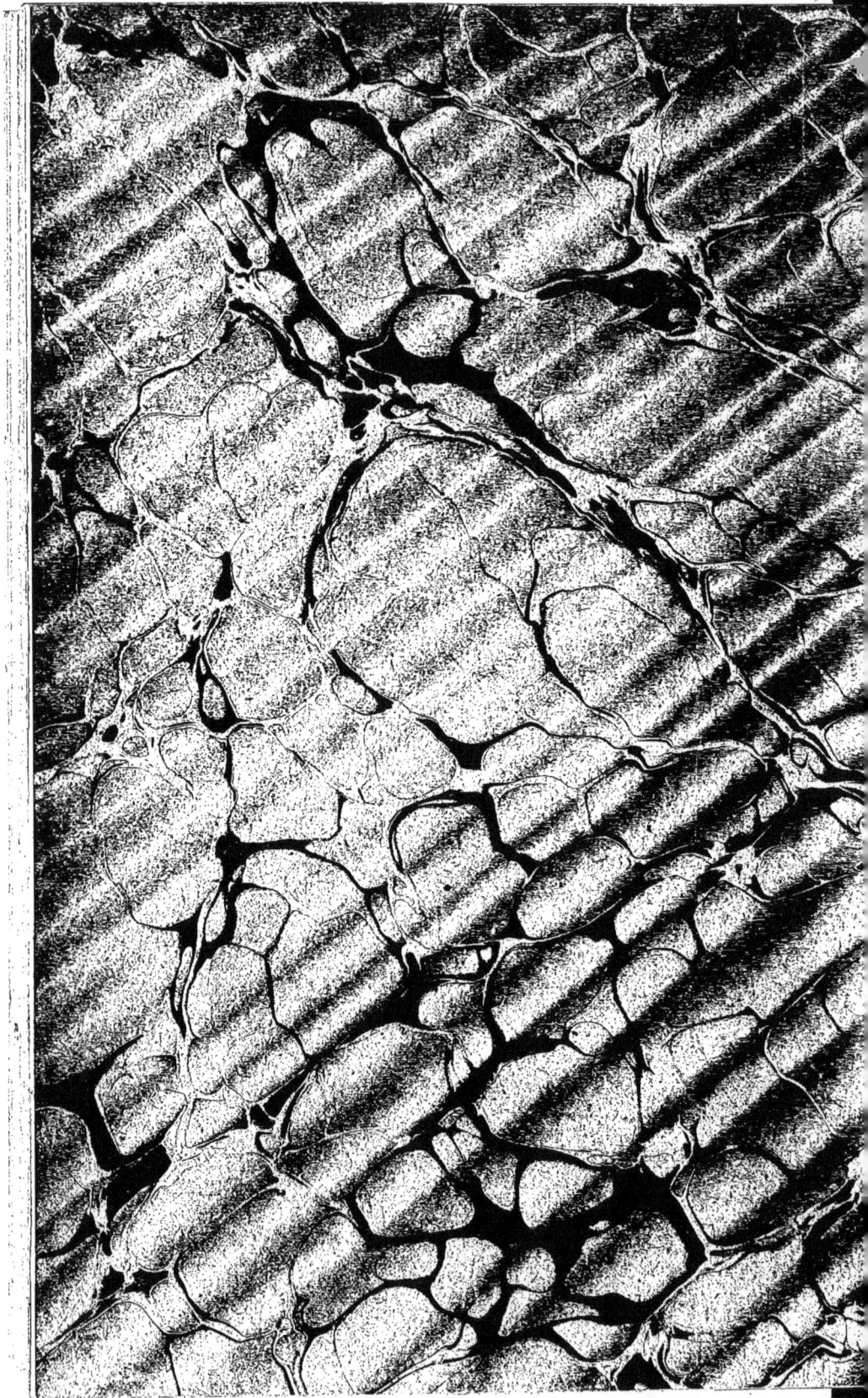

www.ingramcontent.com/pod-product-compliance
Lightning Source LLC
Chambersburg PA
CBHW071946090426
42740CB00011B/1838